새번역

요한 복음서 따라쓰기

새번역

요한 복음서 따라쓰기

JOHN

AGAPE
[주]아가페출판사

새번역 요한복음서 따라쓰기를 시작하시는 분들께

새번역 성경으로 쓰는 생명의 말씀

"요한복음서"는 예수 그리스도의 은혜와 하나님의 사랑을 가득 담고 있습니다.

사복음서 가운데 가장 마지막에 기록된 것으로 알려진 요한복음서는 '예수님께서 사랑하시던 제자'로 불렸던 사도 요한이 기록하였습니다. 우리 죄를 대속하기 위해 십자가를 지신, 하나님의 아들 예수 그리스도를 믿음으로 영원한 생명을 얻는다는 구원의 진리를 담고 있습니다.

알아두기

1. 기도로 시작하세요.

한 글자 한 글자를 쓰는 동안, 살아있는 하나님의 말씀이 내 안에 들어올 수 있도록 기도해요.

2. 말씀의 의미를 마음에 새기면서 쓰세요.

단순히 한번 쓰는 것이 목적이 아닙니다. 말씀의 의미를 이해하면서 써나갈 수 있도록 주의를 기울이세요.

3. 다 쓰고 나면 꼭 말씀을 묵상하세요.

묵상은 말씀을 깊이 생각하면서 내 것으로 만드는 시간입니다. 쓰기를 마친 후에는 말씀이 주는 깨달음에 대해 묵상하세요.

4. 적당한 분량을 정해놓고 매일 꾸준히 쓰세요.

한꺼번에 많은 양을 쓰려고 하지 마세요. 적당한 분량을 매일 꾸준히 쓰는 것이 중요합니다.

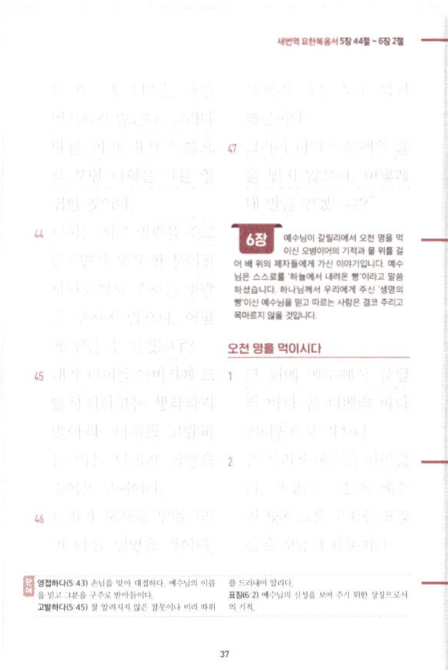

- 한 페이지에 해당하는 본문 장, 절 표기
- 내용을 이해하는 데 도움을 주는 장별 해설
- 글씨 모양을 바르게 잡아주는 모범 글씨체
- 어려운 단어를 쉽게 풀어놓은 단어해설

일러두기

[ ] : 어떤 사본에는 있고 어떤 사본에는 없어서 원본의 반영임이 분명하지 않은 본문은 대괄호 [ ] 속에 넣었습니다. (예: 요 1:19)

[[ ]] : 후대에 첨가된 본문이지만 교회에서 일찍부터 중요하게 여기고 읽어 온 본문은 겹대괄호 [[ ]] 속에 넣어 표시하였습니다. (예: 요 5:3-4)

새번역

요한복음서

John

1장 요한은 이 세상이 창조되기 전부터 하나님과 함께 계셨던 예수님께서 인간으로 오셔서 구원의 역사를 이루신 것을 설명합니다. 또한 예수님의 이름을 믿고 영접하는 사람은 누구나 하나님의 자녀가 됨을 강조합니다. 한편 예수님은 세례자 요한에게 세례를 받고 제자들을 모으셨습니다.

육신이 되신 말씀

1 태초에 '말씀'이 계셨다. 그 '말씀'은 하나님과 함께 계셨다. 그 '말씀'은 하나님이셨다.

2 그는 태초에 하나님과 함께 계셨다.

3 모든 것이 그로 말미암아 창조되었으니, 그가 없이 창조된 것은 하나도 없다. 창조된 것은

4 그에게서 생명을 얻었으니, 그 생명은 사람의 빛이었다.

5 그 빛이 어둠 속에서 비치니, 어둠이 그 빛을 이기지 못하였다.

6 하나님께서 보내신 사람이 있었다. 그 이름은 요한이었다.

7 그 사람은 그 빛을 증언하러 왔으니, 자기를 통하여 모든 사람을 믿게 하려는 것이었다.

8 그 사람은 빛이 아니었다. 그는 그 빛을 증언하러 왔을 따름이다.

9 참 빛이 있었다. 그 빛이 세상에 와서 모든 사람을 비추고 있다.

단어

태초(1:1) 하늘과 땅이 생겨난 맨 처음. 하나님이 스스로 계시던 맨 처음.
창조(1:3) 하나님이 우주 만물을 처음으로 만드심.
요한(1:6) 세례자 요한. 사람들에게 물로 세례를 베풀며 예수님의 사역을 준비하는 역할을 했다.
증언하다(1:7) 어떤 사실을 증명하다.

10 그는 세상에 계셨다. 세
상이 그로 말미암아 생
겨났는데도, 세상은 그를
알아보지 못하였다.
11 그가 자기 땅에 오셨으
나, 그의 백성은 그를 맞
아들이지 않았다.
12 그러나 그를 맞아들인
사람들, 곧 그 이름을 믿
는 사람들에게는, 하나님
의 자녀가 되는 특권을
주셨다.
13 이들은 혈통에서나, 육
정에서나, 사람의 뜻에서
나지 아니하고, 하나님에
게서 났다.
14 그 말씀은 육신이 되어
우리 가운데 사셨다. 우
리는 그의 영광을 보았
다. 그것은 아버지께서
주신, 외아들의 영광이
었다. 그는 은혜와 진리
가 충만하였다.
15 (요한은 그에 대하여 증
언하여 외쳤다. “이분이
내가 말씀드린 바로 그분
입니다. 내 뒤에 오시는
분이 나보다 앞서신 분이
라고 말씀드린 것은, 이
분을 두고 말한 것입니
다. 그분은 사실 나보다
먼저 계신 분이기 때문입
니다.”)
16 우리는 모두 그의 충만
함에서 선물을 받되, 은
혜에 은혜를 더하여 받
았다.
17 율법은 모세를 통하여

받았고, 은혜와 진리는
예수 그리스도로 말미암
아 생겨났다.
18 일찍이, 하나님을 본 사
람은 아무도 없다. 아버
지의 품속에 계신 외아
들이신 하나님께서 하나
님을 알려 주셨다.

세례자 요한의 증언

19 유대 사람들이 예루살
렘에서 제사장들과 레위
지파 사람들을 [요한에
게] 보내어서 "당신은 누
구요?" 하고 물어 보게
하였다. 그 때에 요한의
증언은 이러하였다.
20 그는 거절하지 않고 고백
하였다. "나는 그리스도
가 아니오" 하고 그는 고
백하였다.
21 그들이 다시 요한에게
물었다. "그러면, 당신은
누구란 말이오? 엘리야
요?" 요한은 "아니오" 하
고 대답하였다. "당신은
그 예언자요?" 하고 그들
이 물으니, 요한은 "아니
오" 하고 대답하였다.
22 그래서 그들이 말하였
다. "그러면, 당신은 누
구란 말이오? 우리를 보
낸 사람들에게 대답할
말을 좀 해주시오. 당신
은 자신을 무엇이라고

단어

혈통(1:13) 한 조상에서 비롯해 그 피를 이어받아 내려오는 계통.

제사장(1:19) 하나님께 백성을 대신하여 제사를 드리던 사람.

그리스도(1:20) '기름부음 받은 자'라는 뜻으로, 이스라엘 백성을 구원할 자라는 의미이다.

말하시오?"
23 요한이 대답하였다. "예
언자 이사야가 말한 대
로,
나는 '광야에서 외치
는 이의 소리'요. '너희
는 주님의 길을 곧게
하여라'
하고 말이오."
24 그들은 바리새파 사람들
이 보낸 사람들이었다.
25 그들이 또 요한에게 물
었다. "당신이 그리스도
도 아니고, 엘리야도 아
니고, 그 예언자도 아니
면, 어찌하여 세례를 주
시오?"
26 요한이 대답하였다. "나
는 물로 세례를 주오. 그
런데 여러분 가운데 여러
분이 알지 못하는 이가
한 분 서 계시오.
27 그는 내 뒤에 오시는 분
이지만, [나는] 그분의 신
발 끈을 풀 만한 자격도
없소."
28 이것은 요한이 세례를 주
던 요단 강 건너편 베다
니에서 일어난 일이다.

하나님의 어린 양을 보아라

29 다음 날 요한은 예수께
서 자기에게 오시는 것을
보고 말하였다. "보시오,
세상 죄를 지고 가는 하
나님의 어린 양입니다.
30 내가 전에 말하기를 '내
뒤에 한 분이 오실 터인
데, 그분은 나보다 먼저

계시기에, 나보다 앞서신
분입니다' 한 적이 있습니
다. 그것은 이분을 두고
한 말입니다.
31 나도 이분을 알지 못하
였습니다. 내가 와서 물
로 세례를 주는 것은, 이
분을 이스라엘에게 알리
려고 하는 것입니다."
32 요한이 또 증언하여 말
하였다. "나는 성령이 비
둘기같이 하늘에서 내려
와서 이분 위에 머무는
것을 보았습니다.
33 나도 이분을 몰랐습니다.
그러나 나를 보내어 물로
세례를 주게 하신 분이
나에게 말씀하시기를, '성
령이 어떤 사람 위에 내
려와서 머무는 것을 보
거든, 그가 바로 성령으
로 세례를 주시는 분임을
알아라' 하셨습니다.
34 그런데 나는 그것을 보았
습니다. 그래서 나는, 이
분이 하나님의 아들이라
고 증언하였습니다."

첫 번 제자들

35 다음 날 요한이 다시 자
기 제자 두 사람과 같이
서 있다가,
36 예수께서 지나가시는 것
을 보고서, "보아라, 하나
님의 어린 양이다" 하고

단어

세례(1:25) 죄를 물로 씻어 없앰을 상징하는 의식.
어린 양(1:29) 구약에서는 새끼 양을 하나님께 제물로 드렸다. 인간의 죄를 구속하기 위하여 죽으신 예수 그리스도를 비유한다.
성령(1:32) 성삼위 중의 하나인 하나님의 영을 이르는 말.

말하였다.
37 그 두 제자는 요한이 하
는 말을 듣고, 예수를 따
라갔다.
38 예수께서 돌아서서, 그들
이 따라오는 것을 보시
고 물으셨다. “너희는 무
엇을 찾고 있느냐?” 그들
은 “랍비님, 어디에 묵고
계십니까?” 하고 말하였
다. (‘랍비’는 ‘선생님’이라
는 말이다.)
39 예수께서 그들에게 대답
하셨다. “와서 보아라.”
그들이 따라가서, 예수께
서 묵고 계시는 곳을 보
고, 그 날을 그와 함께
지냈다. 때는 오후 네 시
쯤이었다.

40 요한의 말을 듣고 예수
를 따라간 두 사람 가운
데 한 사람은, 시몬 베
드로와 형제간인 안드레
였다.
41 이 사람은 먼저 자기 형
시몬을 만나서 말하였
다. “우리가 메시아를 만
났소.” (‘메시아’는 ‘그리스
도’라는 말이다.)
42 그런 다음에 시몬을 예
수께로 데리고 왔다. 예
수께서 그를 보시고 말
씀하셨다. “너는 요한의
아들 시몬이로구나. 앞
으로는 너를 게바라고
부르겠다.” (‘게바’는 ‘베
드로’ 곧 ‘바위’라는 말이
다.)

부르심을 받은 빌립과 나다나엘

43 다음 날 예수께서 갈릴
리로 떠나려고 하셨다.
그 때에 빌립을 만나서
말씀하셨다. "나를 따라
오너라."
44 빌립은 벳새다 출신으로,
안드레와 베드로와 한
고향 사람이었다.
45 빌립이 나다나엘을 만나
서 말하였다. "모세가 율
법책에 기록하였고, 또
예언자들이 기록한 그분
을 우리가 만났습니다.
그분은 나사렛 출신으
로, 요셉의 아들 예수입
니다."
46 나다나엘이 그에게 말하
였다. "나사렛에서 무슨
선한 것이 나올 수 있겠
소?" 빌립이 그에게 말하
였다. "와서 보시오."
47 예수께서 나다나엘이 자
기에게로 오는 것을 보
시고, 그를 두고 말씀하
셨다. "보아라, 저 사람이
야말로 참으로 이스라엘
사람이다. 그에게는 거짓
이 없다."
48 나다나엘이 예수께 물었
다. "어떻게 나를 아십니
까?" 예수께서 대답하셨
다. "빌립이 너를 부르기
전에, 네가 무화과나무

단어

랍비(1:38) 유대인들이 말씀을 가르치는 선생을 부르는 존댓말. '나의 스승', '나의 주인'이라는 뜻.
메시아(1:41) 구약에서 '그리스도'를 이르던 말. 이스라엘을 구원하기 위해 하나님께 기름부음을 받은 자.
출신(1:44) 지역, 학교, 직업과 관련된 이력이 있음.
율법책(1:45) 하나님이 정하신 법. 모세오경.

아래에 있는 것을 내가
보았다."
49 나다나엘이 말하였다.
"선생님, 선생님은 하나
님의 아들이시요, 이스
라엘의 왕이십니다."
50 예수께서 그에게 말씀하
셨다. "네가 무화과나무
아래 있을 때에 내가 너
를 보았다고 해서 믿느
냐? 이것보다 더 큰 일을
네가 볼 것이다."
51 예수께서 그에게 또 말씀
하셨다. "내가 진정으로
진정으로 너희에게 말한
다. 너희는, 하늘이 열리
고 하나님의 천사들이 인
자 위에 오르락내리락하
는 것을 보게 될 것이다."

2장 예수님께서 물로 포도주를 만드신 사건이 등장합니다. 이 사건은 예수님의 첫 표징으로, '표징(예수님이 행하신 놀라운 일)'은 예수님이 하나님의 아들이라는 것과 우리의 구세주라는 사실을 나타냅니다. 이어서 성전을 청결하게 하신 이야기는 참된 예배의 의미를 깨우쳐 줍니다.

가나의 혼인 잔치

1 사흘째 되는 날에 갈릴
리 가나에 혼인 잔치가
있었다. 예수의 어머니가
거기에 계셨고,
2 예수와 그의 제자들도 그
잔치에 초대를 받았다.
3 그런데 포도주가 떨어지
니, 예수의 어머니가 예
수에게 말하기를 "포도주
가 떨어졌다" 하였다.
4 예수께서 어머니에게 말
씀하셨다. "여자여, 그것
이 나와 당신에게 무슨
상관이 있습니까? 아직

도 내 때가 오지 않았습
니다."
5 그 어머니가 일꾼들에게
이르기를 "무엇이든지,
그가 시키는 대로 하세
요" 하였다.
6 그런데 유대 사람의 정결
예법을 따라, 거기에는
돌로 만든 물항아리 여
섯이 놓여 있었는데, 그
것은 물 두세 동이들이
항아리였다.
7 예수께서 일꾼들에게 말
씀하셨다. "이 항아리에
물을 채워라." 그래서 그
들은 항아리마다 물을
가득 채웠다.

8 예수께서 그들에게 말씀
하시기를 "이제는 떠서,
잔치를 맡은 이에게 가져
다 주어라" 하시니, 그들
이 그대로 하였다.
9 잔치를 맡은 이는, 포도
주로 변한 물을 맛보고,
그것이 어디에서 났는지
알지 못하였으나, 물을
떠온 일꾼들은 알았다.
그래서 잔치를 맡은 이는
신랑을 불러서
10 그에게 말하기를 "누구
든지 먼저 좋은 포도주
를 내놓고, 손님들이 취
한 뒤에 덜 좋은 것을 내
놓는데, 그대는 이렇게

단어

무화과나무 아래(1:48) 당시 경건한 유대인들은 무화과나무 아래에서 율법을 공부하며 기도하는 시간을 보냈다.

포도주(2:3) 일주일 간 열리는 유대의 결혼식에서 포도주가 떨어지는 것은 매우 수치스러운 일이다.

정결(2:6) 매우 깨끗하고 깔끔함.

좋은 포도주를 지금까지
남겨 두었구려!" 하였다.
11 예수께서 이 첫 번 표징
을 갈릴리 가나에서 행
하여 자기의 영광을 드러
내시니, 그의 제자들이
그를 믿게 되었다.
12 이 일이 있은 뒤에, 예수
께서는 그의 어머니와 형
제들과 제자들과 함께
가버나움에 내려가셔서,
거기에 며칠 동안 머물러
계셨다.

예수께서 성전을 청결하게 하시다

13 유대 사람의 유월절이 가
까워져서, 예수께서 예루
살렘으로 올라가셨다.
14 그는 성전 뜰에서, 소와
양과 비둘기를 파는 사
람들과 돈 바꾸어 주는
사람들이 앉아 있는 것
을 보시고,
15 노끈으로 채찍을 만들어
양과 소와 함께 그들을
모두 성전에서 내쫓으시
고, 돈 바꾸어 주는 사람
들의 돈을 쏟아 버리시
고, 상을 둘러엎으셨다.
16 비둘기 파는 사람들에게
는 "이것을 걷어치워라.
내 아버지의 집을 장사하
는 집으로 만들지 말아
라" 하고 말씀하셨다.
17 제자들은 '주님의 집을
생각하는 열정이 나를
삼킬 것이다' 하고 기록한
성경 말씀을 기억하였다.
18 유대 사람들이 예수께

물었다. "당신이 이런 일
을 하다니, 무슨 표징을
우리에게 보여 주겠소?"
19 예수께서 그들에게 말씀
하셨다. "이 성전을 허물
어라. 그러면 내가 사흘
만에 다시 세우겠다."
20 그러자 유대 사람들이
말하였다. "이 성전을 짓
는 데에 마흔여섯 해나
걸렸는데, 이것을 사흘
만에 세우겠다구요?"
21 그러나 예수께서 성전이
라고 하신 것은 자기 몸
을 두고 하신 말씀이었다.
22 제자들은, 예수께서 죽
은 사람들 가운데서 살
아나신 뒤에야, 그가 말
씀하신 것을 기억하고서,
성경 말씀과 예수께서 하
신 말씀을 믿게 되었다.

예수는 모든 사람을 아시다

23 예수께서 유월절에 예루
살렘에 계시는 동안에,
많은 사람이 그가 행하
시는 표징을 보고 그 이
름을 믿었다.
24 그러나 예수께서는 모든
사람을 알고 계시므로,
그들에게 몸을 맡기지
않으셨다.
25 그는 사람에 대해서는
어느 누구의 증언도 필요
하지 않으셨기 때문이다.

단어

표징(2:11) 예수님의 신성을 보여 주기 위한 상징으로서의 기적.
유월절(2:13) 하나님께서 이스라엘을 애굽에서 구원하신 것을 기념하는 절기(축제).
돈 바꾸어 주는 사람들(2:14) 다른 화폐를 성전세를 내기 위한 화폐로 바꾸어 주는 사람들.

그는 사람의 마음 속에
있는 것까지도 알고 계셨
던 것이다.

3장 바리새파 지식인이지만 구원을 이해하지 못하던 니고데모는 밤중에 몰래 예수님을 찾아왔습니다. 예수님은 니고데모에게 인간의 구원은 오직 성령을 통해서만 가능함을 가르쳐주십니다. 한편 세례자 요한은 예수님은 더 높아지셔야 하고, 자신은 더 낮아질 것을 말합니다.

예수와 니고데모

1 바리새파 사람 가운데
니고데모라는 사람이 있
었다. 그는 유대 사람의
한 지도자였다.
2 이 사람이 밤에 예수께
와서 말하였다. "랍비님,
우리는, 선생님이 하나님
께로부터 오신 분임을 압
니다. 하나님께서 함께
하지 않으시면, 선생님께
서 행하시는 그런 표징들
을, 아무도 행할 수 없습
니다."
3 예수께서 그에게 말씀하
셨다. "내가 진정으로 진
정으로 너에게 말한다.
누구든지 다시 나지 않으
면, 하나님 나라를 볼 수
없다."
4 니고데모가 예수께 말하
였다. "사람이 늙었는데,
그가 어떻게 태어날 수
있겠습니까? 어머니 뱃속
에 다시 들어갔다가 태어
날 수야 없지 않습니까?"
5 예수께서 대답하셨다.
"내가 진정으로 진정으로
너에게 말한다. 누구든지
물과 성령으로 나지 아니
하면, 하나님 나라에 들

어갈 수 없다.
6 육에서 난 것은 육이요,
영에서 난 것은 영이다.
7 너희가 다시 태어나야 한
다고 내가 말한 것을, 너
는 이상히 여기지 말아라.
8 바람은 불고 싶은 대로
분다. 너는 그 소리는 듣
지만, 어디에서 와서 어
디로 가는지는 모른다.
성령으로 태어난 사람은
다 이와 같다."
9 니고데모가 예수께 물었
다. "어떻게 이런 일이 있
을 수 있습니까?"
10 예수께서 대답하셨다.
"너는 이스라엘의 선생이
면서, 이런 것도 알지 못
하느냐?
11 내가 진정으로 진정으
로 너에게 말한다. 우리
는, 우리가 아는 것을 말
하고, 우리가 본 것을 증
언하는데, 너희는 우리의
증언을 받아들이지 않는
다.
12 내가 땅의 일을 말하여
도 너희가 믿지 않거든,
하물며 하늘의 일을 말
하면 어떻게 믿겠느냐?
13 하늘에서 내려온 이 곧
인자 밖에는 하늘로 올
라간 이가 없다.
14 모세가 광야에서 뱀을

단어

바리새파(3:1) 유대교의 한 분파로, 유대교의 규례와 율법을 비롯해 각종 관습과 전통을 엄격하게 지키던 사람들.

진정(3:3) 거짓이 없이 참으로.

성령(3:8) 성삼위 중의 하나인 하나님의 영을 이르는 말.

든 것같이, 인자도 들려
야 한다.
15 그것은 그를 믿는 사람
마다 영생을 얻게 하려
는 것이다.
16 하나님께서 세상을 이처
럼 사랑하셔서 외아들
을 주셨으니, 이는 그를
믿는 사람마다 멸망하지
않고 영생을 얻게 하려
는 것이다.
17 하나님께서 아들을 세상
에 보내신 것은, 세상을
심판하시려는 것이 아니
라, 아들을 통하여 세상
을 구원하시려는 것이다.
18 아들을 믿는 사람은 심
판을 받지 않는다. 그러
나 믿지 않는 사람은 이
미 심판을 받았다. 그것
은 하나님의 독생자의 이
름을 믿지 않았기 때문
이다.
19 심판을 받았다고 하는
것은, 빛이 세상에 들어
왔지만, 사람들이 자기들
의 행위가 악하므로, 빛
보다 어둠을 더 좋아하
였다는 것을 뜻한다.
20 악한 일을 저지르는 사
람은, 누구나 빛을 미워
하며, 빛으로 나아오지
않는다. 그것은 자기 행
위가 드러날까 보아 두려
워하기 때문이다.
21 그러나 진리를 행하는
사람은 빛으로 나아온
다. 그것은 자기의 행위

가 하나님 안에서 이루
어졌음을 드러내려는 것
이다."

그는 흥하고 나는 쇠해야 한다

22 그 뒤에 예수께서 제자
들과 함께 유대 지방으
로 가셔서, 거기서 그들
과 함께 지내시면서, 세
례를 주셨다.
23 살렘 근처에 있는 애논
에는 물이 많아서, 요한
도 거기서 세례를 주었
다. 사람들이 나와서 세
례를 받았다.
24 그 때는 요한이 아직 옥
에 갇히기 전이었다.
25 요한의 제자들과 어떤 유
대 사람 사이에 정결예법
을 두고 논쟁이 벌어졌다.
26 요한의 제자들이 요한에
게 와서 말하였다. "랍비
님, 보십시오. 요단 강 건
너편에서 선생님과 함께
계시던 분 곧 선생님께서
증언하신 그분이 세례를
주고 있는데, 사람들이
모두 그분에게로 모여듭
니다."
27 요한이 대답하였다. "하
늘이 주시지 않으면, 사
람은 아무것도 받을 수
없다.
28 너희야말로 내가 말한
바 '나는 그리스도가 아

단어

인자(3:14) 사람의 아들. 예수님의 초월성과 인간성을 강조한 표현. 예수님께서 자신을 가리키는 호칭으로 자주 사용하셨다.

영생(3:15) 영원한 생명.

독생자(3:18) 하나님의 외아들이라는 뜻으로, 예수님을 이르는 말.

니고, 그분보다 앞서서
보내심을 받은 사람이다'
한 말을 증언할 사람들
이다.
29 신부를 차지하는 사람은
신랑이다. 신랑의 친구는
신랑이 오는 소리를 들으
려고 서 있다가, 신랑의 음
성을 들으면 크게 기뻐한
다. 나는 이런 기쁨으로
가득 차 있다.
30 그는 흥하여야 하고, 나
는 쇠하여야 한다."

하늘로부터 오신 이

31 위에서 오시는 이는 모
든 것 위에 계신다. 땅에
서 난 사람은 땅에 속하
여서, 땅의 것을 말한다.
하늘에서 오시는 이는
[모든 것 위에 계시고],
32 자기가 본 것과 들은 것
을 증언하신다. 그러나
아무도 그의 증언을 받
아들이지 않는다.
33 그의 증언을 받아들인
사람은, 하나님의 참되심
을 인정한 것이다.
34 하나님께서 보내신 이는
하나님의 말씀을 전한다.
그것은, 하나님께서 그에
게 성령을 아낌없이 주시
기 때문이다.
35 아버지는 아들을 사랑하
셔서, 모든 것을 아들의
손에 맡기셨다.
36 아들을 믿는 사람에게는
영생이 있다. 아들에게
순종하지 않는 사람은 생

명을 얻지 못하고, 도리어
하나님의 진노를 산다.

4장 예수님께서 사역하시던 당시의 유대인들은 사마리아 사람들을 무시하며 어울리지 않았습니다. 하지만 예수님께서는 사마리아의 우물 곁에서 한 여인을 만나 그 여인에게 진리와 복음을 선포하셨습니다. 영원한 생수이신 예수님께서 여인의 영혼의 갈증을 풀어주신 것입니다.

사마리아 여자와 대화하시다

1 요한보다 예수께서 더 많
은 사람을 제자로 삼고
세례를 주신다는 소문이
바리새파 사람들의 귀에
들어간 것을 예수께서
아셨다.
2 -사실은, 예수께서 직접
세례를 주신 것이 아니라,
그 제자들이 준 것이다-
3 예수께서는 유대를 떠나,
다시 갈릴리로 가셨다.
4 그렇게 하려면, 사마리아
를 거쳐서 가실 수밖에
없었다.
5 예수께서 사마리아에 있
는 수가라는 마을에 이
르셨다. 이 마을은 야곱
이 아들 요셉에게 준 땅
에서 가까운 곳이며,
6 야곱의 우물이 거기에 있
었다. 예수께서 길을 가
시다가, 피로하셔서 우물
가에 앉으셨다. 때는 오
정쯤이었다.
7 한 사마리아 여자가 물
을 길으러 나왔다. 예수
께서 그 여자에게 마실

단어

그리스도(3:28) '기름부음 받은 자'라는 뜻으로, 이스라엘 백성을 구원할 자라는 의미이다.
참되다(3:33) 진실하고 올바르다.
도리어(3:36) 예상이나 기대나 일반적인 생각과는 반대되거나 다르게.
진노(3:36) 존엄한 존재가 크게 노함.

물을 좀 달라고 말씀하
셨다.
8 제자들은 먹을 것을 사
러 동네에 들어가서, 그
자리에 없었다.
9 사마리아 여자가 예수께
말하였다. "선생님은 유
대 사람인데, 어떻게 사
마리아 여자인 나에게
물을 달라고 하십니까?"
(유대 사람은 사마리아
사람과 상종하지 않기
때문이다.)
10 예수께서 그 여자에게
대답하셨다. "네가 하나
님의 선물을 알고, 또 너
에게 물을 달라는 사람
이 누구인지를 알았더라
면, 도리어 네가 그에게
청하였을 것이고, 그는
너에게 생수를 주었을 것
이다."
11 여자가 말하였다. "선생
님, 선생님에게는 두레박
도 없고, 이 우물은 깊
은데, 선생님은 어디에서
생수를 구하신다는 말입
니까?
12 선생님이 우리 조상 야
곱보다 더 위대하신 분이
라는 말입니까? 그는 우
리에게 이 우물을 주었
고, 그와 그 자녀들과 그
가축까지, 다 이 우물의
물을 마셨습니다."
13 예수께서 말씀하셨다.
"이 물을 마시는 사람은
다시 목마를 것이다.

14 그러나 내가 주는 물을
마시는 사람은, 영원히
목마르지 아니할 것이다.
내가 주는 물은, 그 사람
속에서, 영생에 이르게
하는 샘물이 될 것이다."
15 그 여자가 말하였다. "선
생님, 그 물을 나에게 주
셔서, 내가 목마르지도
않고, 또 물을 길으러 여
기까지 나오지도 않게 해
주십시오."
16 예수께서 그 여자에게
말씀하셨다. "가서, 네 남
편을 불러 오너라."
17 그 여자가 대답하였다.
"나에게는 남편이 없습니
다." 예수께서 여자에게
말씀하셨다. "남편이 없
다고 한 말이 옳다.
18 너에게는, 남편이 다섯이
나 있었고, 지금 같이 살
고 있는 남자도 네 남편이
아니니, 바로 말하였다."
19 여자가 말하였다. "선생
님, 내가 보니, 선생님은
예언자이십니다.
20 우리 조상은 이 산에서
예배를 드렸는데, 선생님
네 사람들은 예배드려야
할 곳이 예루살렘에 있
다고 합니다."
21 예수께서 말씀하셨다.
"여자여, 내 말을 믿어라.

단어

야곱의 우물(4:6) 야곱이 하몰의 아들에게서 산 밭을 판 우물.

사마리아 사람(4:9) 북이스라엘과 이방 민족 사이에서 태어난 혼혈민족. 그 때문에 유대인들은 사마리아인을 무시했고, 서로 깊은 갈등이 있었다.

상종하다(4:9) 서로 따르며 친하게 지내다.

너희가 아버지께, 이 산
에서 예배를 드려야 한다
거나, 예루살렘에서 예배
를 드려야 한다거나, 하
지 않을 때가 올 것이다.
22 너희는 너희가 알지 못하
는 것을 예배하고, 우리는
우리가 아는 분을 예배한
다. 구원은 유대 사람들에
게서 나기 때문이다.
23 참되게 예배를 드리는
사람들이 영과 진리로
아버지께 예배를 드릴
때가 온다. 지금이 바로
그 때이다. 아버지께서는
이렇게 예배를 드리는
사람들을 찾으신다.
24 하나님은 영이시다. 그러
므로 하나님께 예배를 드
리는 사람은 영과 진리로
예배를 드려야 한다."
25 여자가 예수께 말했다.
"나는 그리스도라고 하
는 메시아가 오실 것을
압니다. 그가 오시면, 우
리에게 모든 것을 알려
주실 것입니다."
26 예수께서 말씀하셨다.
"너에게 말하고 있는 내
가 그다."
27 이 때에 제자들이 돌아
와서, 예수께서 그 여자
와 말씀을 나누시는 것
을 보고 놀랐다. 그러나
예수께 "웬일이십니까?"
하거나, "어찌하여 이 여
자와 말씀을 나누고 계
십니까?" 하고 묻는 사

람이 한 사람도 없었다.
28 그 여자는 물동이를 버려
두고 동네로 들어가서, 사
람들에게 말하였다.
29 "내가 한 일을 모두 알아
맞히신 분이 계십니다.
와서 보십시오. 그분이
그리스도가 아닐까요?"
30 사람들이 동네에서 나와
서, 예수께로 갔다.
31 그러는 동안에, 제자들이
예수께, "랍비님, 잡수십
시오" 하고 권하였다.
32 그러나 예수께서는 그들
에게 말씀하시기를 "나에
게는 너희가 알지 못하
는 먹을 양식이 있다" 하
셨다.
33 제자들은 "누가 잡수실
것을 가져다 드렸을까?"
하고 서로 말하였다.
34 예수께서 그들에게 말씀
하셨다. "나의 양식은,
나를 보내신 분의 뜻을
행하고, 그분의 일을 이
루는 것이다.
35 너희는 넉 달이 지나야
추수 때가 된다고 하지
않느냐? 그러나 나는 너
희에게 말한다. 눈을 들
어서 밭을 보아라. 이미
곡식이 익어서, 거둘 때
가 되었다.
36 추수하는 사람은 품삯을

단어

예배하다(4:22) 겸손한 마음으로 어떤 대상을 경배하고 높이다.
메시아(4:25) 구약에서 '그리스도'를 이르던 말. 이스라엘을 구원하기 위해 하나님께 기름부음을 받은 자.
품삯(4:36) 어떤 일을 한 것에 대한 보수로 주는 돈이나 물건.

받으며, 영생에 이르는
열매를 거두어들인다. 그
리하면 씨를 뿌리는 사람
과 추수하는 사람이 함
께 기뻐할 것이다.
37 그러므로 '한 사람은 심
고, 한 사람은 거둔다'는
말이 옳다.
38 나는 너희를 보내서, 너
희가 수고하지 않은 것을
거두게 하였다. 수고는
남들이 하였는데, 너희는
그들의 수고의 결실에 참
여하게 된 것이다."
39 그 동네에서 많은 사마리
아 사람이 예수를 믿게
되었다. 그것은 그 여자
가, 자기가 한 일을 예수
께서 다 알아맞히셨다고
증언하였기 때문이다.
40 사마리아 사람들이 예수
께 와서, 자기들과 함께
머무시기를 청하므로, 예
수께서는 이틀 동안 거기
에 머무르셨다.
41 그래서 더 많은 사람들
이 예수의 말씀을 듣고
서, 믿게 되었다.
42 그들은 그 여자에게 말
하였다. "우리가 믿는 것
은, 이제 당신의 말 때문
만은 아니오. 우리가 그
말씀을 직접 들어보고,
이분이 참으로 세상의
구주이심을 알았기 때문
이오."

왕의 신하의 아들이 병 고침을 받다

43 이틀 뒤에 예수께서는 거

기를 떠나서 갈릴리로 가
셨다.
44 (예수께서 친히 밝히시기
를 "예언자는 자기 고향
에서는 존경을 받지 못
한다" 하셨다.)
45 예수께서 갈릴리에 도착
하시니, 갈릴리 사람들이
예수를 환영하였다. 그들
도 명절을 지키러 예루
살렘에 갔다가, 예수께서
거기서 하신 모든 일을
보았기 때문이다.
46 예수께서 또다시 갈릴리
가나로 가셨다. 그 곳은
전에 물로 포도주를 만드
신 곳이다. 거기에 왕의
신하가 한 사람 있었는
데, 그의 아들이 가버나
움에서 앓고 있었다.
47 그 사람은, 예수께서 유
대에서 나와 갈릴리로 들
어오셨다는 소문을 듣
고, 예수께 와서 "제발
가버나움으로 내려오셔
서, 아들을 고쳐 주십시
오" 하고 애원하였다. 아
들이 거의 죽게 되었기
때문이다.
48 예수께서 그에게 말씀하
셨다. "너희는 표징이나
기이한 일들을 보지 않
고는, 결코 믿으려고 하
지 않는다."

단어

결실(4:38) 어떤 일의 결과가 잘 맺어짐. 또는 그런 성과.
존경(4:44) 다른 사람의 인격, 사상, 행위 등을 받들어 공손히 받들어 모심.
애원하다(4:47) 소원이나 요구를 들어달라고 애처롭게 사정하며 간절히 바라다.
기이하다(4:48) 기묘하고 이상하다.

49 그 신하가 예수께 간청
하였다. “선생님, 내 아이
가 죽기 전에 내려와 주
십시오.”
50 예수께서 말씀하셨다.
“돌아가거라. 네 아들이
살 것이다.” 그는 예수께
서 자기에게 하신 말씀
을 믿고 떠나갔다.
51 그가 내려가는 도중에,
종들이 마중나와 그 아이
가 살았다고 보고하였다.
52 그가 종들에게 아이가
낫게 된 때를 물어 보니
“어제 오후 한 시에, 열
기가 떨어졌습니다” 하고
종들이 대답하였다.
53 아이 아버지는 그 때가,
예수께서 그에게 “네 아
들이 살 것이다” 하고 말
씀하신, 바로 그 시각인
것을 알았다. 그래서 그
와 그의 온 집안이 함께
예수를 믿었다.
54 이것은 예수께서 유대에
서 나와서 갈릴리로 돌아
오신 뒤에 행하신 두 번
째 표징이다.

5장 예수님이 베드자다 못에 있던 병자를 고치시자, 유대인들은 안식일을 범했다고 예수님을 비난했습니다. 그러자 예수님은 아버지께서 지금도 일하시기 때문에 자신도 일한다고 말씀하셨고, 유대인들은 예수님이 하나님과 자신을 동등하게 여긴다며 예수님을 죽이려고 했습니다.

중풍병자를 고치시다

1 그 뒤에 유대 사람의 명
절이 되어서, 예수께서 예
루살렘으로 올라가셨다.
2 예루살렘에 있는 ‘양의
문’ 곁에, 히브리 말로 베

드자다라는 못이 있는
데. 거기에는 주랑이 다
섯 있었다.
3 이 주랑 안에는 많은 환
자들, 곧 눈먼 사람들과
다리 저는 사람들과 중
풍병자들이 누워 있었
다. ||그들은 물이 움직이
기를 기다리고 있었다.
4 주님의 천사가 때때로 못
에 내려와 물을 휘저어
놓는데 물이 움직인 뒤
에 맨 먼저 들어가는 사
람은 무슨 병에 걸렸든
지 나았기 때문이다.||
5 거기에는 서른여덟 해가
된 병자 한 사람이 있었다.
6 예수께서 누워 있는 그
사람을 보시고, 또 이미
오랜 세월을 그렇게 보내
고 있는 것을 아시고는
물으셨다. "낫고 싶으냐?"
7 그 병자가 대답하였다.
"주님, 물이 움직일 때
에, 나를 들어서 못에다
가 넣어주는 사람이 없
습니다. 내가 가는 동안
에, 남들이 나보다 먼저
못에 들어갑니다."
8 예수께서 그에게 말씀하
셨다. "일어나서 네 자리
를 걷어 가지고 걸어가
거라."
9 그 사람은 곧 나아서,

단어

간청하다(4:49) 남에게 간절히 부탁을 하다.
베드자다(5:2) '자비의 집'이라는 뜻.
주랑(5:2) 여러 개의 기둥을 나란히 세운 복도.
안식일(5:9) 일주일의 일곱 번째 날로, 금요일 일몰에서 토요일 일몰까지를 이른다. 이날은 모든 일을 하지 않고 휴식을 취한다.

자리를 걷어 가지고 걸
어갔다. 그 날은 안식일
이었다.
10 그래서 유대 사람들은
병이 나은 사람에게 말
하였다. "오늘은 안식일
이니, 자리를 들고 가는
것은 옳지 않소."
11 그 사람이 대답하였다.
"나를 낫게 해주신 분이
나더러, '네 자리를 걷어
가지고 걸어가거라' 하셨
소."
12 유대 사람들이 물었다.
"그대에게 자리를 걷어
가지고 걸어가라고 말한
사람이 누구요?"
13 그런데 병 나은 사람은,
자기를 고쳐 주신 분이
누구인지를 알지 못하였
다. 거기에는 사람들이
많이 붐비었고, 예수께서
는 그 곳을 빠져나가셨
기 때문이다.
14 그 뒤에 예수께서 성전
에서 그 사람을 만나서
말씀하셨다. "보아라. 네
가 말끔히 나았다. 다시
는 죄를 짓지 말아라. 그
리하여 더 나쁜 일이 너
에게 생기지 않도록 하
여라."
15 그 사람은 가서, 자기를
낫게 하여 주신 분이 예
수라고 유대 사람들에게
말하였다.
16 그 일로 유대 사람들은,
예수께서 안식일에 그러

한 일을 하신다고 해서,
그를 박해하였다.
17 그러나 [예수]께서는 그들
에게 말씀하셨다. "내 아
버지께서 이제까지 일하
고 계시니, 나도 일한다."
18 유대 사람들은 이 말씀
때문에 더욱더 예수를
죽이려고 하였다. 그것
은, 예수께서 안식일을
범하셨을 뿐만 아니라,
하나님을 자기 아버지라
고 불러서, 자기를 하나
님과 동등한 위치에 놓으
셨기 때문이다.

아들의 권위

19 예수께서 그들에게 말씀
하셨다. "내가 진정으로
진정으로 너희에게 말한
다. 아들은 아버지께서
하시는 것을 보는 대로
따라 할 뿐이요, 아무것
도 마음대로 할 수 없다.
아버지께서 하시는 일은
무엇이든지, 아들도 그대
로 한다.
20 아버지께서는 아들을 사
랑하셔서, 하시는 일을
모두 아들에게 보여 주시
기 때문이다. 또한 이보
다 더 큰 일들을 아들에
게 보여 주셔서, 너희를
놀라게 하실 것이다.
21 아버지께서 죽은 사람들

단어

붐비다(5:13) 사람이나 차로 메워져 북적거리다.
말끔히(5:14) 티 없이 맑고 환할 정도로 깨끗하게.
박해하다(5:16) 억누르거나 못 견디게 굴어서 괴롭히거나 해를 끼치다.
동등하다(5:18) 등급이나 정도 따위가 같다.
진정(5:19) 거짓이 없이 참으로.

을 일으켜 살리시니, 아
들도 자기가 원하는 사
람들을 살린다.
22 아버지께서는 아무도 심
판하지 않으시고, 심판
하는 일을 모두 아들에
게 맡기셨다.
23 그것은, 모든 사람이 아
버지를 공경하듯이, 아
들도 공경하게 하려는 것
이다. 아들을 공경하지
않는 사람은, 아들을 보
내신 아버지도 공경하지
않는다.
24 내가 진정으로 진정으로
너희에게 말한다. 내 말
을 듣고 또 나를 보내신
분을 믿는 사람은, 영원
한 생명을 가지고 있고
심판을 받지 않는다. 그
는 죽음에서 생명으로
옮겨갔다.
25 내가 진정으로 진정으로
너희에게 말한다. 죽은 사
람들이 하나님의 아들의
음성을 들을 때가 오는
데, 지금이 바로 그 때이
다. 그리고 그 음성을 듣
는 사람들은 살 것이다.
26 그것은, 아버지께서 자기
속에 생명을 가지고 계신
것같이 아들에게도 생명
을 주셔서, 그 속에 생명
을 가지게 하여 주셨기
때문이다.
27 또, 아버지께서는 아들
에게 심판하는 권한을
주셨다. 그것은 아들이

인자이기 때문이다.
28 이 말에 놀라지 말아라.
무덤 속에 있는 사람들
이 다 그의 음성을 들을
때가 온다.
29 선한 일을 한 사람들은
부활하여 생명을 얻고,
악한 일을 한 사람들은
부활하여 심판을 받는다."
30 "나는 아무것도 내 마음
대로 할 수 없다. 나는
아버지께서 하라고 하시
는 대로 심판한다. 내 심
판은 올바르다. 그것은
내가 내 뜻대로 하려 하
지 않고, 나를 보내신 분
의 뜻대로 하려 하기 때
문이다."

예수에 대한 증언

31 "내가 내 자신을 위하여
증언한다면, 내 증언은
참되지 못하다.
32 나를 위하여 증언하여
주시는 분은 따로 있다.
나를 위하여 증언하시는
그 증언이 참되다는 것
을 나는 안다.
33 너희가 요한에게 사람을
보냈을 때에 그는 이 진
리를 증언하였다.
34 내가 이 말을 하는 것은,
내가 사람의 증언이 필
요해서가 아니다. 그것은
다만 너희로 하여금 구원

단어

심판하다(5:22) 잘잘못을 가려 결정을 내리다.
공경하다(5:23) 남을 대할 때 몸가짐을 조심스럽게 하고 받들어 모시다.
권한(5:27) 어떤 사람이나 기관의 권리나 권력이 미치는 범위.
부활하다(5:29) 죽었다가 다시 살아나다.

을 얻게 하려는 것이다.
35 요한은 타오르면서 빛을
내는 등불이었다. 너희는
잠시 동안 그의 빛 속에
서 즐거워하려 하였다.
36 그러나 나에게는 요한의
증언보다 더 큰 증언이
있다. 아버지께서 나에게
완성하라고 주신 일들,
곧 내가 지금 하고 있는
바로 그 일들이, 아버지
께서 나를 보내셨다는
것을 증언하여 준다.
37 또 나를 보내신 아버지께
서 친히 나를 위하여 증
언하여 주셨다. 너희는
그 음성을 들은 일도 없
고, 그 모습을 본 일도
없다.
38 또 그 말씀이 너희 속에
머물러 있지도 않다. 그
것은 너희가, 그분이 보
내신 이를 믿지 않기 때
문이다.
39 너희가 성경을 연구하는
것은, 영원한 생명이 그
안에 있다고 생각하기
때문이다. 성경은 나에
대하여 증언하고 있다.
40 그런데 너희는 생명을 얻
으러 나에게 오려고 하지
않는다.
41 나는 사람에게서 영광을
받지 않는다.
42 너희에게 하나님을 사랑
하는 마음이 없는 것도,
나는 알고 있다.
43 내가 내 아버지의 이름으

로 왔는데, 너희는 나를
영접하지 않는다. 그러나
다른 이가 자기 이름으
로 오면 너희는 그를 영
접할 것이다.
44 너희는 서로 영광을 주고
받으면서 오직 한 분이신
하나님께서 주시는 영광
은 구하지 않으니, 어떻
게 믿을 수 있겠느냐?
45 내가 너희를 아버지께 고
발하리라고는 생각하지
말아라. 너희를 고발하
는 이는 너희가 희망을
걸어온 모세이다.
46 너희가 모세를 믿었더라
면 나를 믿었을 것이다.
모세가 나를 두고 썼기
때문이다.
47 그러나 너희가 모세의 글
을 믿지 않으니, 어떻게
내 말을 믿겠느냐?”

6장

예수님이 갈릴리에서 오천 명을 먹이신 오병이어의 기적과 물 위를 걸어 배 위의 제자들에게 가신 이야기입니다. 예수님은 스스로를 ‘하늘에서 내려온 빵’이라고 말씀하셨습니다. 하나님께서 우리에게 주신 ‘생명의 빵’이신 예수님을 믿고 따르는 사람은 결코 주리고 목마르지 않을 것입니다.

오천 명을 먹이시다

1 그 뒤에 예수께서 갈릴
리 바다 곧 디베랴 바다
건너편으로 가시니
2 큰 무리가 예수를 따라갔
다. 그것은, 그들이 예수
가 병자들을 고치신 표징
들을 보았기 때문이다.

단어

영접하다(5:43) 손님을 맞아 대접하다. 예수님의 이름을 믿고 그분을 구주로 받아들이다.

고발하다(5:45) 잘 알려지지 않은 잘못이나 비리 따위를 드러내어 알리다.

표징(6:2) 예수님의 신성을 보여 주기 위한 상징으로서의 기적.

3 예수께서 산에 올라가서,
제자들과 함께 앉으셨다.
4 마침 유대 사람의 명절인
유월절이 가까운 때였다.
5 예수께서 눈을 들어서,
큰 무리가 자기에게로 모
여드는 것을 보시고, 빌
립에게 말씀하셨다. "우
리가 어디에서 빵을 사다
가, 이 사람들을 먹이겠
느냐?"
6 예수께서는 빌립을 시험
해 보시고자 이렇게 말
씀하신 것이었다. 예수께
서는 자기가 하실 일을
잘 알고 계셨던 것이다.
7 빌립이 예수께 이렇게 대
답하였다. "이 사람들에
게 모두 조금씩이라도 먹
게 하려면, 빵 이백 데나
리온어치를 가지고서도
충분하지 못합니다."
8 제자 가운데 하나이며 시
몬 베드로와 형제간인 안
드레가 예수께 말하였다.
9 "여기에 보리빵 다섯 개
와 물고기 두 마리를 가
지고 있는 한 아이가 있
습니다. 그러나 이렇게
많은 사람에게 그것이
무슨 소용이 있겠습니
까?"
10 예수께서는 "사람들을 앉
게 하여라" 하고 말씀하
셨다. 그 곳에는 풀이 많
았다. 그래서 그들이 앉
았는데, 남자의 수가 오
천 명쯤 되었다.

11 예수께서 빵을 들어서 감사를 드리신 다음에, 앉은 사람들에게 나누어 주시고, 물고기도 그와 같이 해서, 그들이 원하는 대로 주셨다.

12 그들이 배불리 먹은 뒤에, 예수께서 제자들에게 이렇게 말씀하셨다. "남은 부스러기를 다 모으고, 조금도 버리지 말아라."

13 그래서 보리빵 다섯 덩이에서, 먹고 남은 부스러기를 모으니, 열두 광주리에 가득 찼다.

14 사람들은 예수께서 행하신 표징을 보고 "이분은 참으로 세상에 오시기로 된 그 예언자이다" 하고 말하였다.

15 예수께서는, 사람들이 와서 억지로 자기를 모셔다가 왕으로 삼으려고 한다는 것을 아시고, 혼자서 다시 산으로 물러가셨다.

예수께서 물 위를 걸으시다

16 날이 저물었을 때에, 예수의 제자들은 바다로 내려가서,

17 배를 타고, 바다 건너편 가버나움으로 갔다. 이미 어두워졌는데도, 예수께

단어

데나리온(6:7) 무게가 3.8g인 로마의 은 동전. 보통 노동자의 하루 품삯.

보리빵(6:9) 가난한 사람들이 먹는 값싼 빵.

오시기로 된 그 예언자(6:14) 이스라엘이 기다리는 메시아. 그들은 민족의 독립을 이루고, 물질적인 필요를 채워주는 메시아를 기다렸다.

서는 아직 그들이 있는
곳으로 오시지 않았다.
18 그런데 큰 바람이 불고,
물결이 사나워졌다.
19 제자들이 배를 저어서,
십여 리쯤 갔을 때였다.
그들은, 예수께서 바다
위로 걸어서 배에 가까이
오시는 것을 보고, 무서
워하였다.
20 예수께서 그들에게 말씀
하셨다. "나다. 두려워하
지 말아라."
21 그래서 그들은 기꺼이 예
수를 배 안으로 모셔들였
다. 배는 곧 그들이 가려
던 땅에 이르렀다.

예수는 생명의 빵이시다

22 그 다음날이었다. 바다
건너편에 서 있던 무리
는, 거기에 배 한 척만 있
었다는 것과, 예수께서는
제자들과 함께 그 배를
타지 않으셨고, 제자들만
따로 떠나갔다는 것을
알았다.
23 그런데 디베랴에서 온 배
몇 척이, 주님께서 감사
기도를 드리고 무리에게
빵을 먹이신 곳에 가까
이 닿았다.
24 무리는 거기에 예수도 안
계시고 제자들도 없는 것
을 알고서, 배를 나누어
타고, 예수를 찾아 가버
나움으로 갔다.
25 그들은 바다 건너편에서
예수를 만나서 말하였

다. "선생님, 언제 여기에
오셨습니까?"
26 예수께서 그들에게 대답
하셨다. "내가 진정으로
진정으로 너희에게 말한
다. 너희가 나를 찾는 것
은 표징을 보았기 때문이
아니라, 빵을 먹고 배가
불렀기 때문이다.
27 너희는 썩어 없어질 양
식을 얻으려고 일하지 말
고, 영생에 이르도록 남
아 있을 양식을 얻으려
고 일하여라. 이 양식은,
인자가 너희에게 줄 것이
다. 아버지 하나님께서
인자를 인정하셨기 때문
이다."
28 그들이 예수께 물었다.
"우리가 무엇을 하여야
하나님의 일을 하는 것
이 됩니까?"
29 예수께서 그들에게 대답
하셨다. "하나님께서 보
내신 이를 믿는 것이 곧
하나님의 일이다."
30 그들은 다시 물었다. "우
리에게 무슨 표징을 행하
셔서, 우리로 하여금 보
고 당신을 믿게 하시겠습
니까? 당신이 하시는 일
이 무엇입니까?
31 '그는 하늘에서 빵을 내
려서, 그들에게 먹게 하

단어

디베랴(6:23) 갈릴리 호수. 헤롯 안디바가 로마 황제 디베료를 기리기 위해 지은 성읍의 이름을 따서 부르게 되었다.

만나(6:31) 이스라엘이 애굽에서 나와 가나안으로 가는 동안, 하나님께서 날마다 내려 주신 양식. 서리같이 고운 가루.

셨다' 한 성경 말씀대로,
우리 조상들은 광야에서
만나를 먹었습니다."
32 예수께서 그들에게 대답
하셨다. "내가 진정으로
진정으로 너희에게 말한
다. 하늘에서 너희에게
빵을 내려다 주신 이는
모세가 아니다. 하늘에서
참 빵을 너희에게 주시는
분은 내 아버지시다.
33 하나님의 빵은 하늘에서
내려와 세상에 생명을
주는 것이다."
34 그들은 예수께 말하였
다. "주님, 그 빵을 언제
나 우리에게 주십시오."
35 예수께서 그들에게 말씀
하셨다. "내가 생명의 빵
이다. 내게로 오는 사람
은 결코 주리지 않을 것
이요, 나를 믿는 사람은
다시는 목마르지 않을 것
이다.
36 그러나 내가 이미 말한
대로, 너희는 [나를] 보
고도 믿지 않는다.
37 아버지께서 내게 주시는
사람은 다 내게로 올 것
이요, 또 내게로 오는 사
람은 내가 물리치지 않
을 것이다.
38 그것은, 내가 내 뜻을 행
하려고 하늘에서 내려온
것이 아니라, 나를 보내
신 분의 뜻을 행하려고
왔기 때문이다.
39 나를 보내신 분의 뜻은,

내게 주신 사람을 내가
한 사람도 잃어버리지 않
고, 마지막 날에 모두 살
리는 일이다.
40 또한 아들을 보고 그를
믿는 사람은 누구든지
영생을 얻게 하시는 것이
내 아버지의 뜻이다. 나
는 마지막 날에 그들을
살릴 것이다."
41 유대인들은 예수께서
"내가 하늘에서 내려온
빵이다" 하고 말씀하셨
으므로, 그분을 두고 수
군거리면서
42 말하였다. "이 사람은 요
셉의 아들 예수가 아닌
가? 그의 부모를 우리가
알지 않는가? 그런데 이
사람이 어떻게 하늘에서
내려왔다고 하는가?"
43 그 때에 예수께서 그들에
게 말씀하셨다. "서로 수
군거리지 말아라.
44 나를 보내신 아버지께서
이끌어 주지 아니하시면,
아무도 내게 올 수 없다.
나는 그 사람들을 마지
막 날에 살릴 것이다.
45 예언서에 기록하기를 '그
들이 모두 하나님께 가르
침을 받을 것이다' 하였
다. 아버지께 듣고 배운
사람은 다 내게로 온다.

단어

진정(6:32) 거짓이 없이 참으로.
영생(6:40) 영원한 생명.
수군거리다(6:41) 남이 알아듣지 못하도록 낮은 목소리로 자꾸 가만가만 이야기하다.
예언서(6:45) 구약에 있는 선지서를 뜻하는 말로, 여기서는 이사야서를 말한다.

46 이 말은, 하나님께로부터
온 사람 외에 누가 아버
지를 보았다는 것을 뜻하
지 않는다. 하나님께로부
터 온 사람만이 아버지
를 보았다.
47 내가 진정으로 진정으로
너희에게 말한다. 믿는
사람은 영생을 가지고
있다.
48 나는 생명의 빵이다.
49 너희의 조상은 광야에서
만나를 먹었어도 죽었다.
50 그러나 하늘에서 내려오
는 빵은 이러하니, 누구
든지 그것을 먹으면 죽지
않는다.
51 나는 하늘에서 내려온 살
아 있는 빵이다. 이 빵을
먹는 사람은 누구나 영원
히 살 것이다. 내가 줄 빵
은 나의 살이다. 그것은
세상에 생명을 준다."
52 그러자 유대 사람들은
서로 논란을 하면서 말
하였다. "이 사람이 어떻
게 우리에게 [자기] 살을
먹으라고 줄 수 있을까?"
53 예수께서 그들에게 말
씀하셨다. "내가 진정으
로 진정으로 너희에게 말
한다. 너희가 인자의 살
을 먹지 아니하고, 또 인
자의 피를 마시지 아니하
면, 너희 속에는 생명이
없다.
54 내 살을 먹고, 내 피를
마시는 사람은 영원한 생

명을 가지고 있고, 마지
막 날에 내가 그를 살릴
것이다.
55 내 살은 참 양식이요, 내
피는 참 음료이다.
56 내 살을 먹고, 내 피를
마시는 사람은 내 안에
있고, 나도 그 사람 안에
있다.
57 살아 계신 아버지께서
나를 보내셨고, 내가 아
버지 때문에 사는 것과
같이, 나를 먹는 사람도
나 때문에 살 것이다.
58 이것은 하늘에서 내려온
빵이다. 이것은 너희의
조상이 먹고서도 죽은
그런 것과는 같지 아니하
다. 이 빵을 먹는 사람은
영원히 살 것이다."
59 이것은 예수께서 가버나
움 회당에서 가르치실 때
에 하신 말씀이다.

영원한 생명의 말씀

60 예수의 제자들 가운데
서 여럿이 이 말씀을 듣
고 말하기를 "이 말씀이
이렇게 어려우니 누가 알
아들을 수 있겠는가?"
하였다.
61 예수께서, 제자들이 자기
의 말을 두고 수군거리는
것을 아시고, 그들에게
말씀하셨다. "이 말이 너

단어

광야(6:49) 거칠고 황량한 너른 들 또는 사막.
논란(6:52) 어떤 대상이나 소재에 대하여 이러니저러니 서로 다르게 주장하며 다툼.
마지막 날(6:54) 예수님이 재림하시는 날. 심판 날.
회당(6:59) 유대인들이 예배드리고 율법을 가르치는데 사용된 건물.

희의 마음에 걸리느냐?
62 인자가 전에 있던 곳으로
올라가는 것을 보면, 어
떻게 하겠느냐?
63 생명을 주는 것은 영이
다. 육은 아무 데도 소용
이 없다. 내가 너희에게
한 이 말은 영이요 생명
이다.
64 그러나 너희 가운데는 믿
지 않는 사람들이 있다.”
처음부터 예수께서는, 믿
지 않는 사람이 누구이
며, 자기를 넘겨줄 사람
이 누구인지를, 알고 계
셨던 것이다.
65 예수께서 또 말씀하셨
다. “그러므로 내가 너희
에게 이르기를, 아버지께
서 허락하여 주신 사람
이 아니고는 아무도 나
에게로 올 수 없다고 말
한 것이다.”
66 이 때문에 제자 가운데
서 많은 사람이 떠나갔
고, 더 이상 그와 함께
다니지 않았다.
67 예수께서 열두 제자에게
물으셨다. “너희까지도
떠나가려 하느냐?”
68 시몬 베드로가 대답하였
다. “주님, 우리가 누구에
게로 가겠습니까? 선생
님께는 영생의 말씀이 있
습니다.
69 우리는, 선생님이 하나님
의 거룩한 분이심을 믿
고, 또 알았습니다.”

70 예수께서 그들에게 대답
하셨다. "내가 너희 열둘
을 택하지 않았느냐? 그
러나 너희 가운데서 하
나는 악마이다."
71 이것은 시몬 가룟의 아
들 유다를 가리켜서 하
신 말씀인데, 그는 열두
제자 가운데 한 사람으
로, 예수를 넘겨줄 사람
이었다.

7장 초막절을 앞두고 예수님은 예루살렘으로 올라가셨습니다. 그곳에는 예수님을 반대하는 유대인들이 많이 있었습니다. 예수님이 말씀을 가르치시자 유대인들은 예수님을 체포하려 했지만 아무도 예수님께 손을 대지 않았습니다. 왜냐하면 아직 그분의 때가 되지 않았기 때문입니다.

예수의 형제들의 불신앙

1 그 뒤에 예수께서는 갈릴
리를 두루 다니셨다. 유
대 사람들이 자기를 죽이
려고 하였으므로, 유대 지
방에는 돌아다니기를 원
하지 않으셨다.
2 그런데 유대 사람의 명절
인 초막절이 가까워지니,
3 예수의 형제들이 예수께
말하였다. "형님은 여기에
서 떠나 유대로 가서서,
거기에 있는 형님의 제자
들도 형님이 하는 일을
보게 하십시오.
4 알려지기를 바라면서 숨
어서 일하는 사람은 없
습니다. 형님이 이런 일
을 하는 바에는, 자기를

단어

인자(6:62) 사람의 아들. 예수님의 초월성과 인간성을 강조한 표현. 예수님께서 자신을 가리키는 호칭으로 자주 사용하셨다.

초막절(7:2) 구약의 3대 절기. '수장절', '장막절'이라고도 불렀다. 출애굽한 이스라엘이 광야의 40년을 기억하며 언약을 다시 새롭게 하는 절기다.

세상에 드러내십시오."
5 (예수의 형제들까지도 예
수를 믿지 않았기 때문
이다.)
6 예수께서 그들에게 말씀
하셨다. "내 때는 아직
오지 않았다. 그러나 너
희의 때는 언제나 마련되
어 있다.
7 세상이 너희를 미워할
수 없다. 그러나 세상은
나를 미워한다. 그것은,
내가 세상을 보고서, 그
하는 일들이 악하다고
증언하기 때문이다.
8 너희는 명절을 지키러 올
라가거라. 나는 아직 내
때가 차지 않았으므로,
이번 명절에는 올라가지
않겠다."
9 이렇게 그들에게 말씀하
시고, 예수께서는 갈릴리
에 그냥 머물러 계셨다.

예수께서 명절을 지키러 올라가시다

10 그러나 예수의 형제들이
명절을 지키러 올라간 뒤
에, 예수께서도 아무도
모르게 올라가셨다.
11 명절에 유대 사람들이
예수를 찾으면서 물었
다. "그 사람이 어디에 있
소?"
12 무리 가운데서는 예수를
두고 말들이 많았다. 더
러는 그를 좋은 사람이
라고 말하고, 더러는 무
리를 미혹하는 사람이라
고 말하였다.

13 그러나 유대 사람들이
무서워서, 예수에 대하여
드러내 놓고 말하는 사
람은 아무도 없었다.
14 명절이 중간에 접어들었
을 즈음에, 예수께서 성전
에 올라가서 가르치셨다.
15 유대 사람들이 놀라서 말
하였다. "이 사람은 배우
지도 않았는데, 어떻게 저
런 학식을 갖추었을까?"
16 예수께서 그들에게 대답
하셨다. "나의 가르침은
내 것이 아니라, 나를 보
내신 분의 것이다.
17 하나님의 뜻을 따르려는
사람은 누구든지, 이 가
르침이 하나님에게서 난
것인지, 내가 내 마음대
로 말하는 것인지를 알
것이다.
18 자기 마음대로 말하는
사람은 자기의 영광을 구
하지만, 자기를 보내신 분
의 영광을 구하는 사람
은 진실하며, 그 사람 속
에는 불의가 없다.
19 모세가 너희에게 율법
을 주지 않았느냐? 그런
데 너희 가운데 그 율법
을 지키는 사람은 한 사
람도 없다. 어찌하여 너
희가 나를 죽이려고 하느
냐?"

단어
명절(7:8) 해마다 일정하게 지키어 즐기거나 기념하는 때. 여기서 말하는 명절은 초막절이다.
미혹하다(7:12) 무엇에 홀려 정신을 차리지 못하다.
학식(7:15) 체계적인 지식과 사물에 대한 식견, 배워서 얻은 지식.
율법(7:19) 하나님이 정하신 법. 모세오경.

20 무리가 대답하였다. "당신은 귀신이 들렸소. 누가 당신을 죽이려고 한다는 말이오?"

21 예수께서 그들에게 말씀하셨다. "내가 한 가지 일을 하였는데, 너희는 모두 놀라고 있다.

22 모세가 너희에게 할례법을 주었다. -사실, 할례는 모세에게서 비롯한 것이 아니라, 조상들에게서 비롯한 것이다. - 이 때문에 너희는 안식일에도 사람에게 할례를 준다.

23 모세의 율법을 어기지 않으려고, 사람이 안식일에도 할례를 받는데, 내가 안식일에 한 사람의 몸 전체를 성하게 해주었다고 해서, 너희가 어찌하여 나에게 분개하느냐?

24 겉모양으로 심판하지 말고, 공정한 심판을 내려라."

이 사람이 그리스도인가?

25 예루살렘 사람들 가운데서 몇 사람이 말하였다. "그들이 죽이려고 하는 이가 바로 이 사람이 아닙니까?

26 보십시오. 그가 드러내 놓고 말하는데도, 사람들이 그에게 아무 말도 못합니다. 지도자들은 정말로 이 사람을 그리스도로 알고 있는 것입니까?

27 우리는 이 사람이 어디
에서 왔는지를 알고 있
습니다. 그러나 그리스도
가 오실 때에는, 어디에
서 오셨는지 아는 사람
이 없을 것입니다."
28 예수께서 성전에서 가르
치실 때에, 큰 소리로 말
씀하셨다. "너희는 나를
알고, 또 내가 어디에서
왔는지를 알고 있다. 그
런데 나는 내 마음대로
온 것이 아니다. 나를 보
내신 분은 참되시다. 너
희는 그분을 알지 못하
지만,
29 나는 그분을 안다. 나는
그분에게서 왔고, 그분
은 나를 보내셨기 때문
이다."
30 사람들이 예수를 잡으려
고 하였으나, 아무도 그
에게 손을 대는 사람이
없었다. 그것은 그의 때
가 아직 이르지 않았기
때문이다.
31 무리 가운데서 많은 사람
이 예수를 믿었다. 그들
이 말하였다. "그리스도
가 오신다고 해도, 이분
이 하신 것보다 더 많은
표징을 행하시겠는가?"

예수를 잡으려는 사람들

32 무리가 예수를 두고 이

단어

할례(7:22) 남자 아이가 태어난 지 팔 일째에 생식기 끝의 껍질을 끊어내는 의식. 이스라엘 백성에게는 아브라함과 그의 후손에게 주어진 하나님의 언약을 의미한다.

분개하다(7:23) 매우 분함을 느껴 크게 화를 내다.

그리스도(7:31) '기름부음 받은 자'라는 뜻으로, 이스라엘 백성을 구원할 자라는 의미이다.

런 말로 수군거리는 것
을, 바리새파 사람들이
들었다. 그래서 대제사장
들과 바리새파 사람들은
예수를 잡으려고 성전 경
비병들을 보냈다.
33 예수께서 그들에게 말씀
하셨다. "나는 잠시 동안
너희와 함께 있다가, 나
를 보내신 분께로 간다.
34 그러면 너희가 나를 찾아
도 만나지 못할 것이요,
내가 있는 곳에 너희가
올 수도 없을 것이다."
35 유대 사람들이 서로 말
하였다. "이 사람이 어디
로 가려고 하기에, 자기
를 만나지 못할 것이라고
하는가? 그리스 사람들
가운데 흩어져 사는 유
대 사람들에게로 가서,
그리스 사람들을 가르칠
셈인가?
36 또 '너희가 나를 찾아도
만나지 못할 것이요, 내
가 있는 곳에 너희가 올
수도 없을 것이다' 한 말
은 무슨 뜻인가?"

생명수가 흐르는 강

37 명절의 가장 중요한 날인
마지막 날에, 예수께서
일어서서, 큰 소리로 말
씀하셨다. "목마른 사람
은 다 나에게로 와서 마
셔라.
38 나를 믿는 사람은, 성경
이 말한 바와 같이, 그의
배에서 생수가 강물처럼

흘러나올 것이다."
39 이것은, 예수를 믿은 사
람이 받게 될 성령을 가
리켜서 하신 말씀이다.
예수께서 아직 영광을
받지 않으셨으므로, 성령
이 아직 사람들에게 오
시지 않았다.

무리 가운데에서 일어난 분쟁

40 이 말씀을 들은 무리 가
운데는 "이 사람은 정말
로 그 예언자이다" 하고
말하는 사람들도 있고,
41 "이 사람은 그리스도이
다" 하고 말하는 사람들
도 있었다. 그러나 더러
는 이렇게 말하였다. "갈
릴리에서 그리스도가 날
수 있을까?
42 성경은 그리스도가 다
윗의 후손 가운데서 날
것이요, 또 다윗이 살던
마을 베들레헴에서 날
것이라고 말하지 않았는
가?"
43 무리 가운데 예수 때문
에 분열이 일어났다.
44 그들 가운데서 예수를
잡고자 하는 사람도 몇
있었으나, 아무도 그에게
손을 대지는 못하였다.

의회원과 바리새파 사람들의 불신앙

45 성전 경비병들이 대제사
장들과 바리새파 사람

단어

대제사장(7:32) 하나님과 사람 사이의 중재자 역할을 하며, 이스라엘 백성의 죄를 대속하는 예배를 준비하고 진행한다.

성령(7:39) 성삼위 중의 하나인 하나님의 영.

분열(7:43) 하나로 존재하던 사물이나 집단, 사상 따위가 갈라져 나뉨.

들에게 돌아오니, 그들
이 경비병들에게 물었다.
"어찌하여 그를 끌어오
지 않았느냐?"
46 경비병들이 대답하였다.
"그 사람이 말하는 것처
럼 말한 사람은, 지금까
지 아무도 없었습니다."
47 바리새파 사람들이 그들
에게 말하였다. "너희도
미혹된 것이 아니냐?
48 지도자들이나 바리새파
사람들 가운데서 그를
믿은 사람이 어디에 있
다는 말이냐?
49 율법을 알지 못하는 이
무지렁이들은 저주받은
자들이다."
50 그들 가운데 한 사람으
로, 전에 예수를 찾아간
니고데모가 그들에게 말
하였다.
51 "우리의 율법으로는, 먼
저 그 사람의 말을 들어
보거나, 또 그가 하는 일
을 알아보거나, 하지 않
고서는 그를 심판하지 않
는 것이 아니오?"
52 그들이 니고데모에게 말
하였다. "당신도 갈릴리
사람이오? 성경을 살펴
보시오. 그러면 갈릴리에
서는 예언자가 나오지 않
는다는 것을 알게 될 것
이오."

음행하다 잡혀 온 여인

53 [[그리고 그들은 제각기
집으로 돌아갔다.

8장

'음행하다 잡혀온 여인' 이야기는 죄인을 용서하시는 예수님의 사랑을 보여줍니다. '세상의 빛'이신 예수님은 사람들에게 진리를 설명하며 진리가 우리를 자유롭게 할 것이라 말씀하셨습니다. 하지만 이를 깨닫지 못한 사람들은 도리어 예수님을 돌로 치려고 했습니다.

1 예수께서는 올리브 산으
로 가셨다.
2 이른 아침에 예수께서 다
시 성전에 가시니, 많은
백성이 그에게로 모여들
었다. 예수께서 앉아서
그들을 가르치실 때에
3 율법학자들과 바리새파
사람들이 간음을 하다가
잡힌 여자를 끌고 와서,
가운데 세워 놓고,
4 예수께 말하였다. "선생
님, 이 여자가 간음을 하
다가, 현장에서 잡혔습
니다.
5 모세는 율법에, 이런 여
자들을 돌로 쳐죽이라고
우리에게 명령하였습니
다. 그런데 선생님은 뭐
라고 하시겠습니까?"
6 그들이 이렇게 말한 것
은, 예수를 시험하여 고
발할 구실을 찾으려는
속셈이었다. 그러나 예수
께서는 몸을 굽혀서, 손
가락으로 땅에 무엇인가
를 쓰셨다.
7 그들이 다그쳐 물으니,
예수께서 몸을 일으켜,
그들에게 말씀하셨다.

단어

미혹(7:47) 무엇에 홀려 정신을 차리지 못함.
무지렁이(7:49) 일이나 이치에 어둡고 어리석은 사람.
제각기(7:53) 사람마다 또는 사물마다 따로따로.
간음(8:3) 배우자 이외의 사람과 성적인 관계를 맺음.
구실(8:6) 핑계로 삼을 조건이나 변명할 거리.
속셈(8:6) 마음속으로 하는 궁리.

"너희 가운데서 죄가 없
는 사람이 먼저 이 여자
에게 돌을 던져라."
8 그리고는 다시 몸을 굽혀
서, 땅에 무엇인가를 쓰
셨다.
9 이 말씀을 들은 사람들
은, 나이가 많은 이로부
터 시작하여, 하나하나
떠나가고, 마침내 예수만
남았다. 그 여자는 그대
로 서 있었다.
10 예수께서 몸을 일으키시
고, 여자에게 말씀하셨
다. "여자여, 사람들은
어디에 있느냐? 너를 정
죄한 사람이 한 사람도
없느냐?"
11 여자가 대답하였다. "주
님, 한 사람도 없습니다."
예수께서 말씀하셨다.
"나도 너를 정죄하지 않는
다. 가서, 이제부터 다시
는 죄를 짓지 말아라."]]

예수는 세상의 빛

12 예수께서 다시 그들에게
말씀하셨다. "나는 세상
의 빛이다. 나를 따르는
사람은 어둠 속에 다니
지 아니하고, 생명의 빛
을 얻을 것이다."
13 바리새파 사람들이 예수
께 말하였다. "당신이 스
스로 자신에 대하여 증
언하니, 당신의 증언은
참되지 못하오."
14 예수께서 그들에게 대답
하셨다. "비록 내가 나

자신에 대하여 증언할지
라도, 내 증언은 참되다.
나는 내가 어디에서 와서
어디로 가는지를 알고 있
기 때문이다. 그러나 너
희는 내가 어디에서 왔는
지도 모르고, 어디로 가
는지도 모른다.
15 너희는 사람이 정한 기준
을 따라 심판한다. 나는
아무도 심판하지 않는다.
16 그러나 내가 심판하면 내
심판은 참되다. 그것은,
내가 혼자 있는 것이 아
니라, 나를 보내신 아버
지께서 나와 함께 하시기
때문이다.
17 너희의 율법에도 기록하
기를 '두 사람이 증언하
면 참되다' 하였다.
18 내가 나 자신에 대하여
증언하는 사람이고, 나
를 보내신 아버지께서도
나에 대하여 증언하여
주신다."
19 그러자 그들은 예수께
물었다. "당신의 아버지
가 어디에 계십니까?"
예수께서 대답하셨다.
"너희는 나도 모르고, 나
의 아버지도 모른다. 너
희가 나를 알았더라면
나의 아버지도 알았을
것이다."

단어

다그치다(8:7) 어떤 사람이 다른 사람에게 일이나 행동을 어찌하라고 요구하며 마구 몰아붙이다.
정죄하다(8:10) 죄가 있다고 단정하다.
참되다(8:13) 진실하고 올바르다.
증언하다(8:13) 어떤 사실을 증명하다.
기준(8:15) 기본이 되는 표준.

20 이것은 예수께서 성전에
서 가르치실 때에 헌금궤
가 있는 데서 하신 말씀
이다. 그러나 그를 잡는
사람이 아무도 없었다.
그것은 아직도 그의 때
가 이르지 않았기 때문
이다.

내가 가는 곳에 너희는 오지 못한다

21 예수께서 다시 그들에게
말씀하셨다. "나는 가고,
너희는 나를 찾다가 너희
의 죄 가운데서 죽을 것
이다. 그리고 내가 가는
곳에 너희는 올 수 없다."
22 유대 사람들이 말하였다.
"'내가 가는 곳에 너희는
올 수 없다' 하니, 그가
자살하겠다는 말인가?"
23 예수께서 그들에게 말씀
하셨다. "너희는 아래에
서 왔고, 나는 위에서 왔
다. 너희는 이 세상에 속
하여 있지만, 나는 이 세
상에 속하여 있지 않다.
24 그래서 나는, 너희가 너
희의 죄 가운데서 죽을
것이라고 말하였다. '내
가 곧 나'임을 너희가 믿
지 않으면, 너희는 너희
의 죄 가운데서 죽을 것
이다."
25 그들이 예수께 물었다.
"당신은 누구요?" 예수께
서 그들에게 대답하셨다.
"내가 처음부터 너희에게
말하지 않았느냐?
26 그리고 내가 너희에 대하

여 말하고 또 심판할 것
이 많이 있다. 그러나 나
를 보내신 분은 참되시
며, 나는 그분에게서 들
은 대로 세상에 말하는
것이다."
27 그들은 예수께서 아버지
를 가리켜서 말씀하시는
줄을 깨닫지 못하였다.
28 그러므로 예수께서 [그들
에게] 말씀하셨다. "너희
는, 인자가 높이 들려 올
려질 때에야, '내가 곧 나'
라는 것과, 또 내가 아무
것도 내 마음대로 하지
아니하고 아버지께서 나
에게 가르쳐 주신 대로
말한다는 것을 알게 될
것이다.
29 나를 보내신 분이 나와
함께 하신다. 그분은 나
를 혼자 버려 두지 않으
셨다. 그것은, 내가 언제
나 아버지께서 기뻐하시
는 일을 하기 때문이다."
30 이 말씀을 듣고, 많은 사
람이 예수를 믿게 되었다.

진리가 너희를 자유하게 하리라

31 예수께서 자기를 믿은 유
대 사람들에게 말씀하셨
다. "너희가 나의 말에 머
물러 있으면, 너희는 참
으로 나의 제자들이다.
32 그리고 너희는 진리를

단어
속하다(8:23) 딸리거나 구성원이 되다.
인자가 높이 들려 올려질 때(8:28) '예수님을 십자가에 못 박을 때'라는 뜻이다.
제자(8:31) 스승의 가르침과 삶을 그대로 따르는 자. 예수님을 믿는 사람.
진리(8:32) 참된 이치. 또는 참된 도리.

알게 될 것이며, 진리가
너희를 자유롭게 할 것
이다."
33 그들은 예수께 말하였
다. "우리는 아브라함의
자손이라 아무에게도 종
노릇한 일이 없는데, 당
신은 어찌하여 우리가
자유롭게 될 것이라고
말합니까?"
34 예수께서 대답하셨다.
"내가 진정으로 진정으
로 너희에게 말한다. 죄
를 짓는 사람은 다 죄의
종이다.
35 종은 언제까지나 집에 머
물러 있지 못하지만, 아
들은 언제까지나 머물러
있다.
36 그러므로 아들이 너희를
자유롭게 하면, 너희는
참으로 자유롭게 될 것
이다.
37 나는 너희가 아브라함의
자손임을 안다. 그런데
너희는 나를 죽이려고
한다. 내 말이 너희 속에
있을 자리가 없기 때문
이다.
38 나는 나의 아버지에게서
본 것을 말하고, 너희는
너희의 아비에게서 들은
것을 행한다."

너희의 아비는 악마이다

39 그들이 예수께 말하였다.
"우리 조상은 아브라함이
오." 예수께서 그들에게
대답하셨다. "너희가 아

브라함의 자녀라면, 아브
라함이 한 일을 하였을
것이다.
40 그러나 지금 너희는, 너
희에게 하나님에게서 들
은 진리를 말해 준 사람
인 나를 죽이려고 한다.
아브라함은 이런 일을 하
지 않았다.
41 너희는 너희 아비가 한
일을 하고 있다." 그들이
예수께 말하였다. "우리
는 음행으로 태어나지 않
았으며, 우리에게는 하나
님이신 아버지만 한 분
계십니다."
42 예수께서 대답하셨다.
"하나님이 너희의 아버지
라면, 너희가 나를 사랑
할 것이다. 그것은, 내가
하나님에게서 와서 여기
에 있기 때문이다. 내가
내 마음대로 온 것이 아
니라, 아버지께서 나를 보
내신 것이다.
43 어찌하여 너희는 내가
말하는 것을 깨닫지 못
하느냐? 그것은 너희가
내 말을 들을 수 없기 때
문이다.
44 너희는 너희 아비인 악
마에게서 났으며, 또 그
아비의 욕망대로 하려고
한다. 그는 처음부터 살

단어

진정(8:34) 거짓이 없이 참으로.
종(8:34) 남의 집에서 대대로 천한 일을 하던 사람.
악마(8:44) 하나님의 대적자인 사단, 마귀
욕망(8:44) 무엇을 가지거나 하고자 간절하게 바람. 또는 그러한 마음.
본성(8:44) 본래 가지고 태어난 성질.

인자였다. 또 그는 진리
편에 있지 않다. 그것은
그 속에 진리가 없기 때
문이다. 그가 거짓말을
할 때에는 본성에서 그렇
게 하는 것이다. 그는 거
짓말쟁이이며, 거짓의 아
비이기 때문이다.
45 그런데 내가 진리를 말하
기 때문에, 너희는 나를
믿지 않는다.
46 너희 가운데서 누가 나
에게 죄가 있다고 단정하
느냐? 내가 진리를 말하
는데, 어찌하여 나를 믿
지 않느냐?
47 하나님에게서 난 사람은
하나님의 말씀을 듣는
다. 그러므로 너희가 듣
지 않는 것은, 너희가 하
나님에게서 나지 않았기
때문이다."

아브라함이 있기 전부터 내가 있다

48 유대 사람들이 예수께
말하였다. "우리가 당신
을 사마리아 사람이라고
도 하고, 귀신이 들렸다
고도 하는데, 그 말이 옳
지 않소?"
49 예수께서 대답하셨다.
"나는 귀신이 들린 것이
아니라, 나의 아버지를
공경한다. 그런데도 너희
는 나를 모욕한다.
50 나는 내 영광을 구하지
않는다. 나를 위하여 영
광을 구해 주시며, 심판
해 주시는 분이 따로 계

신다.
51 내가 진정으로 진정으로
너희에게 말한다. 나의
말을 지키는 사람은 영원
히 죽음을 겪지 않을 것
이다."
52 유대 사람들이 예수께
말하였다. "이제 우리는
당신이 귀신 들렸다는 것
을 알았소. 아브라함도
죽고, 예언자들도 죽었는
데, 당신이 '나의 말을 지
키면, 영원히 죽음을 겪
지 않을 것이다' 하니,
53 당신이 이미 죽은 우리
조상 아브라함보다 더 위
대하다는 말이오? 또 예
언자들도 다 죽었소. 당
신은 스스로를 누구라고
생각하오?"
54 예수께서 대답하셨다.
"내가 나를 영광되게 한
다면, 나의 영광은 헛
된 것이다. 나를 영광되
게 하시는 분은 나의 아
버지시다. 너희가 너희의
하나님이라고 부르는 바
로 그분이시다.
55 너희는 그분을 알지 못하
지만 나는 그분을 안다.
내가 그분을 알지 못한다
고 말하면, 나도 너희처
럼 거짓말쟁이가 될 것이
다. 그러나 나는 아버지

단어

단정하다(8:46) 어떤 사실에 대해서 딱 잘라 판단하거나 결정을 내다.
모욕하다(8:49) 업신여겨 욕되게 하다.
예언자(8:52) 하나님의 계시를 받아 백성들에게 알려 주는 사람.
헛되다(8:54) 아무 보람이나 뜻이 없다.

를 알고 있으며, 또 그분
의 말씀을 지키고 있다.
56 너희의 조상 아브라함은
나의 날을 보리라고 기대
하며 즐거워하였고, 마침
내 보고 기뻐하였다."
57 유대 사람들이 예수께
말하였다. "당신은 아직
나이가 쉰도 안되었는데,
아브라함을 보았다는 말
이오?"
58 예수께서 그들에게 말씀
하셨다. "내가 진정으로
진정으로 너희에게 말한
다. 아브라함이 태어나기
전부터 내가 있다."
59 그래서 그들은 돌을 들
어서 예수를 치려고 하
였다. 그러자 예수께서는
몸을 피해서 성전 바깥
으로 나가셨다.

9장 예수님은 태어날 때부터 눈먼 사람의 눈을 고쳐 주셨습니다. 하지만 바리새인들과 그의 부모는 그것을 인정하지 않습니다. 고침 받은 사람은 바리새인들의 위협에도 아랑곳하지 않고 자기가 경험한 구원을 당당하게 고백합니다. 영적으로 눈이 먼 사람은 구세주로 오신 예수님을 알아보지 못합니다.

나면서부터 눈먼 사람을 고치시다

1 예수께서 가시다가, 날 때
부터 눈먼 사람을 보셨다.
2 제자들이 예수께 물었
다. "선생님, 이 사람이
눈먼 사람으로 태어난
것이, 누구의 죄 때문입
니까? 이 사람의 죄입니
까? 부모의 죄입니까?"
3 예수께서 대답하셨다.
"이 사람이 죄를 지은 것
도 아니요, 그의 부모가
죄를 지은 것도 아니다.

하나님께서 하시는 일들
을 그에게서 드러내시려
는 것이다.
4 우리는 나를 보내신 분
의 일을 낮 동안에 해야
한다. 아무도 일할 수 없
는 밤이 곧 온다.
5 내가 세상에 있는 동안,
나는 세상의 빛이다."
6 예수께서 이 말씀을 하
신 뒤에, 땅에 침을 뱉어
서, 그것으로 진흙을 개
어 그의 눈에 바르시고,
7 그에게 실로암 못으로 가
서 씻으라고 말씀하셨다.
('실로암'은 번역하면 '보
냄을 받았다'는 뜻이다.)
그 눈먼 사람이 가서 씻
고, 눈이 밝아져서 돌아
갔다.
8 이웃 사람들과, 그가 전
에 거지인 것을 보아 온
사람들이 말하기를 "이
사람은 앉아서 구걸하
던 사람이 아니냐?" 하
였다.
9 다른 사람들 가운데는
"이 사람이 그 사람이
다" 하고 말하는 사람도
더러 있었고, 또 더러는
"그가 아니라 그와 비슷
한 사람이다" 하고 말하
기도 하였다. 그런데 눈
을 뜨게 된 그 사람은

단어

돌을 들어서 예수를 치려고(8:59) 유대인들은 예수님이 신성 모독을 한다고 생각하여 구약의 처형 방법대로 돌을 던지려 하였다.

낮(9:4) 예수님이 지상에 계시는 때를 말한다.

구걸하다(9:8) 돈이나 곡식, 물건 따위를 거저 달라고 빌다.

"내가 바로 그 사람이오"
하고 말하였다.
10 사람들이 그에게 물었다.
"그러면 어떻게 눈을 뜨
게 되었소?"
11 그가 대답하였다. "예수
라는 사람이 진흙을 개
어 내 눈에 바르고, 나더
러 실로암에 가서 씻으라
고 하였소. 그래서 내가
가서 씻었더니, 보게 되
었소."
12 사람들이 눈을 뜨게 된
사람에게 묻기를 "그 사
람이 어디에 있소?" 하
니, 그는 "모르겠소" 하고
대답하였다.

비뚤어진 바리새파 사람들

13 그들은 전에 눈먼 사람
이던 그를 바리새파 사
람들에게 데리고 갔다.
14 그런데 예수께서 진흙을
개어 그의 눈을 뜨게 하
신 날이 안식일이었다.
15 바리새파 사람들은 또다
시 그에게 어떻게 보게
되었는지를 물었다. 그는
"그분이 내 눈에 진흙을
바르신 다음에 내가 눈
을 씻었더니, 이렇게 보
게 되었습니다" 하고 대
답하였다.
16 바리새파 사람들 가운데
더러는 말하기를 "안식일
을 지키지 않는 것으로
보아서, 그는 하나님에게
서 온 사람이 아니오" 하
였고, 더러는 "죄가 있는

사람이 어떻게 그러한 표
징을 행할 수 있겠소?"
하고 말하였다. 그래서
그들 사이에 의견이 갈라
졌다.
17 그들은 눈멀었던 사람에
게 다시 물었다. "그가 당
신의 눈을 뜨게 하였는
데, 당신은 그를 어떻게
생각하오?" 그가 대답하
였다. "그분은 예언자입
니다."
18 유대 사람들은, 그가 전
에 눈먼 사람이었다가 보
게 되었다는 사실을 믿
지 않고, 마침내 그 부모
를 불러다가
19 물었다. "이 사람이, 날
때부터 눈먼 사람이었다
는 당신의 아들이오? 그
런데, 지금은 어떻게 보
게 되었소?"
20 부모가 대답하였다. "이
아이가 우리 아들이라는
것과, 날 때부터 눈먼 사
람이었다는 것은, 우리가
압니다.
21 그런데 우리는 그가 지금
어떻게 보게 되었는지도
모르고, 또 누가 그 눈을
뜨게 하였는지도 모릅니
다. 다 큰 사람이니, 그에
게 물어 보십시오. 그가
자기 일을 이야기할 것입

단어

개다(9:11) 가루나 덩이진 것에 물이나 기름을 쳐서 서로 섞이거나 풀어지도록 으깨거나 이기다.
더러(9:16) 전체 가운데 얼마쯤.
안식일(9:16) 일주일의 일곱 번째 날로, 금요일 일몰에서 토요일 일몰까지를 이른다. 이날은 모든 일을 하지 않고 휴식을 취한다.

니다."
22 그 부모는 유대 사람들
이 무서워서 이렇게 말
한 것이다. 예수를 그리
스도라고 고백하는 사람
은 누구든지 회당에서
내쫓기로, 유대 사람들
이 이미 결의해 놓았기
때문이다.
23 그래서 그의 부모가, 그
아이가 다 컸으니 그에게
물어보라고 말한 것이다.
24 바리새파 사람들은 눈멀
었던 그 사람을 두 번째
로 불러서 말하였다. "영
광을 하나님께 돌려라.
우리가 알기로, 그 사람
은 죄인이다."
25 그는 이렇게 대답하였다.
"나는 그분이 죄인인지
아닌지는 모릅니다. 다만
한 가지 내가 아는 것은,
내가 눈이 멀었다가, 지
금은 보게 되었다는 것입
니다."
26 그래서 그들은 그에게 물
었다. "그 사람이 네게
한 일이 무엇이냐? 그가
네 눈을 어떻게 뜨게 하
였느냐?"
27 그는 대답하였다. "그것
은 내가 이미 여러분에게
말하였는데, 여러분은
곧이듣지 않았습니다. 그
러면서 어찌하여 다시 들
으려고 합니까? 여러분
도 그분의 제자가 되려고
합니까?"

28 그러자 그들은 그에게 욕
설을 퍼붓고 말하였다.
"너는 그 사람의 제자이
지만, 우리는 모세의 제
자이다.
29 우리는 하나님께서 모세
에게 말씀하셨다는 것을
알고 있다. 그러나 그 사
람은 어디에서 왔는지 우
리는 알지 못한다."
30 그가 그들에게 대답하였
다. "그분이 내 눈을 뜨
게 해주셨는데도, 여러
분은 그분이 어디에서
왔는지 모른다니, 참 이
상한 일입니다.
31 하나님께서는 죄인들의
말은 듣지 않으시지만,
하나님을 공경하고 그의
뜻을 행하는 사람의 말
은 들어주시는 줄을, 우
리는 압니다.
32 나면서부터 눈먼 사람의
눈을 누가 뜨게 하였다
는 말은, 창세로부터 이
제까지 들어 본 적이 없
습니다.
33 그가 하나님께로부터 오
신 분이 아니라면, 아무
일도 하지 못하셨을 것입
니다."
34 그들은 그에게 말하였다.
"네가 완전히 죄 가운데
서 태어났는데도, 우리를

단어

회당에서 내쫓기로(9:22) 유대인의 종교와 생활의 중심지인 회당에서 쫓겨난다는 것은 공동체에서 쫓겨난다는 것과 같은 의미였다.

곧이듣다(9:27) 말한 그대로 완전히 믿다.

퍼붓다(9:28) 욕설이나 비난을 마구 해 대다.

창세(9:32) 처음으로 세상을 만듦.

가르치려고 하느냐?" 그
리고 그들은 그를 바깥
으로 내쫓았다.

참으로 눈먼 사람

35 바리새파 사람들이 그
사람을 내쫓았다는 말을
예수께서 들으시고, 그를
만나서 물으셨다. "네가
인자를 믿느냐?"
36 그가 대답하였다. "선생
님, 그분이 어느 분입니
까? 내가 그분을 믿겠습
니다."
37 예수께서 그에게 말씀하
셨다. "너는 이미 그를 보
았다. 너와 말하고 있는
사람이 바로 그이다."
38 그는 "주님, 내가 믿습니
다" 하고 말하고서, 예수
께 엎드려 절하였다.
39 예수께서 또 말씀하셨
다. "나는 이 세상을 심
판하러 왔다. 못 보는 사
람은 보게 하고, 보는 사
람은 못 보게 하려는 것
이다."
40 예수와 함께 있던 바리
새파 사람들이 이 말씀
을 듣고 나서 말하였다.
"우리도 눈이 먼 사람이
란 말이오?"
41 예수께서 그들에게 말씀
하셨다. "너희가 눈이 먼
사람들이라면, 도리어 죄
가 없을 것이다. 그러나,
너희가 지금 본다고 말하
니, 너희의 죄가 그대로
남아 있다."

10장 예수님은 자신을 선한 목자로, 성도들을 양으로 비유하셨습니다. 또한 백성들을 잘못된 길로 이끄는 종교지도자들을 돈을 받고 양을 치는 삯꾼에 비유하며 비판하셨습니다. 선한 목자가 양을 아끼고 사랑해 목숨을 바쳐 지키듯, 예수님은 자기 백성의 구원을 위해 생명을 바치셨습니다.

양의 우리의 비유

1 "내가 진정으로 진정으
로 너희에게 말한다. 양
우리에 들어갈 때에, 문
으로 들어가지 아니하고
다른 데로 넘어 들어가
는 사람은 도둑이요 강도
이다.
2 그러나 문으로 들어가는
사람은 양들의 목자이다.
3 문지기는 목자에게 문
을 열어 주고, 양들은 그
의 목소리를 알아듣는
다. 그리고 목자는 자기
양들의 이름을 하나하나
불러서 이끌고 나간다.
4 자기 양들을 다 불러낸
다음에, 그는 앞서서 가
고, 양들은 그를 따라간
다. 양들이 목자의 목소
리를 알고 있기 때문이다.
5 양들은 결코 낯선 사람
을 따라가지 않을 것이
고, 그에게서 달아날 것
이다. 그것은 양들이 낯
선 사람의 목소리를 알
지 못하기 때문이다."
6 예수께서 그들에게 이러
한 비유를 말씀하셨으나,
그들은 그가 무슨 뜻으

단어

인자(9:35) 사람의 아들. 예수님의 초월성과 인간성을 강조한 표현. 예수님께서 자신을 가리키는 호칭으로 자주 사용하셨다.

우리(10:1) 짐승을 가두어 기르는 곳.

비유(10:6) 어떤 현상이나 사물을 직접 설명하지 않고 다른 비슷한 현상이나 사물에 빗대어서 설명하는 일.

로 그렇게 말씀하시는지
를 깨닫지 못하였다.

예수는 선한 목자이시다

7 예수께서 다시 말씀하셨
다. "내가 진정으로 진정
으로 너희에게 말한다.
나는 양이 드나드는 문
이다.
8 [나보다] 먼저 온 사람은
다 도둑이고 강도이다.
그래서 양들이 그들의
말을 듣지 않았다.
9 나는 문이다. 누구든지
나를 통하여 들어오면,
구원을 얻고, 드나들면
서 꼴을 얻을 것이다.
10 도둑은 다만 훔치고 죽
이고 파괴하려고 오는 것
뿐이다. 나는, 양들이 생
명을 얻고 또 더 넘치게
얻게 하려고 왔다.
11 나는 선한 목자이다. 선
한 목자는 양들을 위하
여 자기 목숨을 버린다.
12 삯꾼은 목자가 아니요,
양들도 자기의 것이 아니
므로, 이리가 오는 것을
보면, 양들을 버리고 달
아난다. —그러면 이리가
양들을 물어가고, 양떼
를 흩어 버린다. —
13 그는 삯꾼이어서, 양들
을 생각하지 않기 때문
이다.
14 나는 선한 목자이다. 나
는 내 양들을 알고, 내
양들은 나를 안다.
15 그것은 마치, 아버지께서

나를 아시고, 내가 아버
지를 아는 것과 같다. 나
는 양들을 위하여 내 목
숨을 버린다.
16 나에게는 이 우리에 속하
지 않은 다른 양들이 있
다. 나는 그 양들도 이끌
어 와야 한다. 그들도 내
목소리를 들을 것이며,
한 목자 아래에서 한 무
리 양떼가 될 것이다.
17 아버지께서 나를 사랑하
신다. 그것은 내가 목숨
을 다시 얻으려고 내 목
숨을 기꺼이 버리기 때문
이다.
18 아무도 내게서 내 목숨
을 빼앗아 가지 못한다.
나는 스스로 원해서 내
목숨을 버린다. 나는 목
숨을 버릴 권세도 있고,
다시 얻을 권세도 있다.
이것은 내가 아버지께로
부터 받은 명령이다."
19 이 말씀 때문에 유대 사
람들 가운데 다시 분열
이 일어났다.
20 그 가운데서 많은 사람
이 말하기를 "그가 귀신
이 들려서 미쳤는데, 어
찌하여 그의 말을 듣느
냐?" 하고,
21 또 다른 사람들은 말하
기를 "이 말은 귀신이 들

단어
꼴(10:9) 말이나 소에게 먹이는 풀.
삯꾼(10:12) 품삯을 받고 임시로 일하는 일꾼.
이리(10:12) 개와 비슷한데 늑대나 승냥이보다 크고 육식성으로 성질이 사나운 짐승.
기꺼이(10:17) 탐탁하여 마음이 기쁘게.
권세(10:18) 권력과 세력을 아울러 이르는 말.

린 사람의 말이 아니다.
귀신이 어떻게 눈먼 사람
의 눈을 뜨게 할 수 있겠
느냐?" 하였다.

유대 사람들이 예수를 배척하다

22 예루살렘은 성전 봉헌절
이 되었는데, 때는 겨울
이었다.
23 예수께서는 성전 경내에
있는 솔로몬 주랑을 거닐
고 계셨다.
24 그 때에 유대 사람들은
예수를 둘러싸고 말하였
다. "당신은 언제까지 우
리의 마음을 졸이게 하
시렵니까? 당신이 그리스
도이면 그렇다고 분명하
게 말하여 주십시오."
25 예수께서 그들에게 대답
하셨다. "내가 너희에게
이미 말하였는데도, 너희
가 믿지 않는다. 내가 내
아버지의 이름으로 하는
그 일들이 곧 나를 증언
해 준다.
26 그런데 너희가 믿지 않는
것은, 너희가 내 양이 아
니기 때문이다.
27 내 양들은 내 목소리를
알아듣는다. 나는 내 양
들을 알고, 내 양들은
나를 따른다.
28 나는 그들에게 영생을
준다. 그들은 영원토록
멸망하지 아니할 것이요,
또 아무도 그들을 내 손
에서 빼앗아 가지 못할
것이다.

29 그들을 나에게 주신 내
아버지는 만유보다도 더
크시다. 아무도 아버지의
손에서 그들을 빼앗아
가지 못한다.
30 나와 아버지는 하나이다."
31 이 때에 유대 사람들이
다시 돌을 들어서 예수
를 치려고 하였다.
32 예수께서 그들에게 말씀
하셨다. "내가 아버지의
권능을 힘입어서, 선한
일을 많이 하여 너희에
게 보여 주었는데, 그 가
운데서 어떤 일로 나를
돌로 치려고 하느냐?"
33 유대 사람들이 대답하였
다. "우리가 당신을 돌로
치려고 하는 것은, 선한
일을 하였기 때문이 아니
라, 하나님을 모독하였기
때문이오. 당신은 사람이
면서, 자기를 하나님이라
고 하였소."
34 예수께서 그들에게 말씀
하셨다. "너희의 율법에,
'내가 너희를 신들이라고
하였다' 하는 말이 기록
되어 있지 않으냐?
35 하나님의 말씀을 받은
사람들을 하나님께서 신
이라고 하셨다. 또 성경
은 폐하지 못한다.
36 그런데 아버지께서 거룩

단어

주랑(10:23) 여러 개의 기둥을 나란히 세운 복도.
영생(10:28) 영원한 생명.
만유(10:29) 우주에 존재하는 모든 것.
권능(10:32) 권세와 능력.
모독하다(10:33) 말이나 행동으로 더럽혀 욕되게 하다.
폐하다(10:35) 기존에 있던 것을 없애거나 그만두다.

하게 하여 세상에 보내신
사람이, 자기를 하나님의
아들이라고 한 말을 가지
고, 너희는 그가 하나님
을 모독한다고 하느냐?
37 내가 내 아버지의 일을
하지 아니하거든, 나를
믿지 말아라.
38 그러나 내가 그 일을 하
고 있으면, 나를 믿지는
아니할지라도, 그 일은
믿어라. 그리하면 너희
는, 아버지께서 내 안에
계시고 또 내가 아버지
안에 있다는 것을, 깨달
아 알게 될 것이다."
39 [그러므로] 그들이 다시
예수를 잡으려고 하였으
나, 예수께서는 그들의
손을 벗어나서 피하셨다.
40 예수께서 다시 요단 강
건너 쪽, 요한이 처음에
세례를 주던 곳으로 가
서, 거기에 머무르셨다.
41 많은 사람이 그에게로
왔다. 그들은 이렇게 말
하였다. "요한은 표징을
하나도 행하지 않았으나,
요한이 이 사람을 두고
한 말은 모두 참되다."
42 그 곳에서 많은 사람이
예수를 믿었다.

11장 죽은 나사로를 살리신 표징은 사복음서 중에서 요한복음서에만 기록되어 있습니다. 그동안 여러 표징들을 통해 생명의 근원과 세상의 빛 되심을 나타내신 예수님은, 이 표징을 통해 자신이 부활과 생명이심을 드러내셨습니다. 한편 이 사건 이후, 유대인들은 예수님을 죽이기 위해 본격적인 음모를 꾸미기 시작했습니다.

죽은 나사로를 살리시다

1 한 병자가 있었는데, 그

는 마리아와 그의 자매
마르다의 마을 베다니에
사는 나사로였다.
2 마리아는 주님께 향유를
붓고, 자기의 머리털로
주님의 발을 씻은 여자
요, 병든 나사로는 그의
오라버니이다.
3 그 누이들이 사람을 예
수께로 보내서 말하였다.
"주님, 보십시오. 주님께
서 사랑하시는 사람이
앓고 있습니다."
4 예수께서 들으시고 말씀
하셨다. "이 병은, 죽을
병이 아니라 오히려 하나
님의 영광을 드러낼 병이

다. 이것으로 말미암아
하나님의 아들이 영광을
받게 될 것이다."
5 예수께서는 마르다와 그
의 자매와 나사로를 사
랑하셨다.
6 그런데 예수께서는 나사
로가 앓는다는 말을 들
으시고도, 계시던 그 곳
에 이틀이나 더 머무르
셨다.
7 그리고 나서 제자들에게
"다시 유대 지방으로 가
자" 하고 말씀하셨다.
8 제자들이 예수께 말하였
다. "선생님, 방금도 유대
사람들이 선생님을 돌로

단어

세례(10:40) 죄를 물로 씻어 없앰을 상징하는 의식.
표징(10:41) 예수님의 신성을 보여 주기 위한 상징으로서의 기적.
향유(11:2) 향기로운 냄새가 나는 기름. 마리아는 300 데나리온(노동자의 1년치 품삯)의 기름을 부어 예수님의 발을 씻겨 드렸다.

치려고 하였는데, 다시 그
리로 가려고 하십니까?"
9 예수께서 대답하셨다.
"낮은 열두 시간이나 되
지 않느냐? 사람이 낮에
걸어다니면, 햇빛이 있으
므로 걸려서 넘어지지 않
는다.
10 그러나 밤에 걸어다니면,
빛이 그 사람 안에 없으
므로, 걸려서 넘어진다."
11 이 말씀을 하신 뒤에, 그
들에게 말씀하셨다. "우
리 친구 나사로는 잠들었
다. 내가 가서, 그를 깨우
겠다."
12 제자들이 말하였다. "주
님, 그가 잠들었으면, 낫
게 될 것입니다."
13 예수께서는 나사로가 죽
었다는 뜻으로 말씀하셨
는데, 제자들은 그가 잠
이 들어 쉰다고 말씀하시
는 것으로 생각하였다.
14 이 때에 예수께서 그들에
게 밝혀 말씀하셨다. "나
사로는 죽었다.
15 내가 거기에 있지 않은
것이 너희를 위해서 도리
어 잘 된 일이므로, 기쁘
게 생각한다. 이 일로 말
미암아 너희가 믿게 될
것이다. 그에게로 가자."
16 그러자 디두모라고도 하
는 도마가 동료 제자들
에게 "우리도 그와 함께
죽으러 가자" 하고 말하
였다.

예수는 부활과 생명이시다

17 예수께서 가서 보시니,
나사로가 무덤 속에 있
은 지가 벌써 나흘이나
되었다.
18 베다니는 예루살렘에서
오 리가 조금 넘는 가까
운 곳인데,
19 많은 유대 사람이 그 오
라버니의 일로 마르다와
마리아를 위로하러 와
있었다.
20 마르다는 예수께서 오신
다는 말을 듣고서 맞으
러 나가고, 마리아는 집
에 앉아 있었다.
21 마르다가 예수께 말하였
다. "주님, 주님이 여기에
계셨더라면, 내 오라버니
가 죽지 아니하였을 것입
니다.
22 그러나 이제라도, 나는
주님께서 하나님께 구하
시는 것은 무엇이나 하나
님께서 다 이루어 주실
줄 압니다."
23 예수께서 마르다에게 말
씀하셨다. "네 오라버니
가 다시 살아날 것이다."
24 마르다가 예수께 말하였
다. "마지막 날 부활 때
에 그가 다시 살아나리
라는 것은 내가 압니다."
25 예수께서 마르다에게 말

단어

나사로는 잠들었다(11:11) 성경은 종종 믿는 이들의 죽음을 잠자는 것으로 비유할 때가 많다. 죽었다 하더라도 예수님께서 다시 오시면 영광스럽게 깨어날 것이기 때문이다.

디두모(11:16) 사도 도마의 별명으로, 히브리어 '테옴(쌍둥이)'에 해당하는 헬라어이다.

쓰하셨다. "나는 부활이
요 생명이니, 나를 믿는
사람은 죽어도 살고,
26 살아서 나를 믿는 사람
은 영원히 죽지 아니할
것이다. 네가 이것을 믿
느냐?"
27 마르다가 예수께 말하였
다. "예, 주님! 주님은 세
상에 오실 그리스도이시
며, 하나님의 아들이심
을, 내가 믿습니다."

예수께서 눈물을 흘리시다

28 이렇게 말한 뒤에, 마르
다는 가서, 그 자매 마
리아를 불러서 가만히
말하였다. "선생님께서
와 계시는데, 너를 부르
신다."
29 이 말을 듣고, 마리아는
급히 일어나서 예수께로
갔다.
30 예수께서는 아직 동네에
들어가지 않으시고, 마르
다가 예수를 맞이하던 곳
에 그냥 계셨다.
31 집에서 마리아와 함께 있
으면서 그를 위로해 주던
유대 사람들은, 마리아가
급히 일어나서 나가는 것
을 보고, 무덤으로 가서
울려고 하는 것으로 생각
하고, 그를 따라갔다.
32 마리아는 예수께서 계신
곳으로 와서, 예수님을
뵙고, 그 발 아래에 엎드
려서 말하였다. "주님, 주
님이 여기에 계셨더라면,

내 오라버니가 죽지 않
았을 것입니다."
33 예수께서는 마리아가 우
는 것과, 함께 따라온 유
대 사람들이 우는 것을
보시고, 마음이 비통하
여 괴로워하셨다.
34 예수께서 그들에게 물으
셨다. "그를 어디에 두었
느냐?" 그들이 대답하였
다. "주님, 와 보십시오."
35 예수께서는 눈물을 흘리
셨다.
36 그러자 유대 사람들은
"보시오, 그가 얼마나 나
사로를 사랑하였는가!"
하고 말하였다.
37 그 가운데서 어떤 사람
은 이렇게 말하였다. "눈
먼 사람의 눈을 뜨게 하
신 분이, 이 사람을 죽지
않게 하실 수 없었단 말
이오?"

나사로가 살아나다

38 예수께서 다시 속으로
비통하게 여기시면서 무
덤으로 가셨다. 무덤은
동굴인데, 그 어귀는 돌
로 막아 놓았다.
39 예수께서 "돌을 옮겨 놓
아라" 하시니, 죽은 사람
의 누이 마르다가 말하였
다. "주님, 죽은 지가 나
흘이나 되어서, 벌써 냄

단어

그리스도(11:27) '기름부음 받은 자'라는 뜻으로, 이스라엘 백성을 구원할 자라는 의미이다.
오라버니(11:32) 여동생이 '오빠'를 높여 이르는 말.
비통하다(11:33) 마음이나 표정이 몹시 아프고 슬프다.
어귀(11:38) 드나드는 목의 첫머리.

새가 납니다."
40 예수께서 마르다에게 말
씀하셨다. "네가 믿으면
하나님의 영광을 보게
되리라고, 내가 네게 말
하지 않았느냐?"
41 사람들이 그 돌을 옮겨
놓았다. 예수께서 하늘
을 우러러 보시고 말씀
하셨다. "아버지, 내 말을
들어주신 것을 감사드립
니다.
42 아버지께서는 언제나 내
말을 들어주신다는 것을
압니다. 그런데도 이렇게
말씀을 드리는 것은, 둘
러선 무리를 위해서입니
다. 그들로 하여금 아버
지께서 나를 보내신 것
을 믿게 하려는 것입니
다."
43 이렇게 말씀하신 다음
에, 큰 소리로 "나사로야,
나오너라" 하고 외치시
니,
44 죽었던 사람이 나왔다.
손발은 천으로 감겨 있
고, 얼굴은 수건으로 싸
매여 있었다. 예수께서
그들에게 "그를 풀어 주
어서, 가게 하여라" 하고
말씀하셨다.

예수를 죽이려는 음모

45 마리아에게 왔다가 예수
께서 하신 일을 본 유대
사람들 가운데서 많은
사람이 예수를 믿게 되
었다.

46 그러나 그 가운데 몇몇
사람은 바리새파 사람들
에게 가서, 예수가 하신
일을 그들에게 알렸다.
47 그래서 대제사장들과 바
리새파 사람들은 공의회
를 소집하여 말하였다.
"이 사람이 표징을 많이
행하고 있으니, 어떻게
하면 좋겠습니까?
48 이 사람을 그대로 두면
모두 그를 믿게 될 것이
요, 그렇게 되면 로마 사
람들이 와서 우리의 땅
과 민족을 약탈할 것입
니다."
49 그 가운데 한 사람으로
서, 그 해의 대제사장인
가야바가 그들에게 말하
였다. "당신들은 아무것
도 모르오.
50 한 사람이 백성을 위하
여 죽어서 민족 전체가
망하지 않는 것이, 당신
들에게 유익하다는 것을
생각하지 못하고 있소."
51 이 말은, 가야바가 자기
생각으로 한 것이 아니
라, 그 해의 대제사장으
로서, 예수가 민족을 위
하여 죽으실 것을 예언한
것이니,
52 민족을 위할 뿐만 아니
라, 흩어져 있는 하나님의

단어

냄새(11:39) 나사로의 시신은 이미 부패가 진행되어, 살아날 가능성이 하나도 없어 보이는 상태였다.
큰 소리(11:43) 이 표징이 어떤 마술이나 속임수에 의한 것이 아닌, 분명한 하나님의 능력에 의한 것임을 모인 사람들이 알게 하시기 위해 큰 소리로 외치셨다.
약탈하다(11:48) 폭력을 써서 억지로 빼앗다.

자녀를 한데 모아서 하나
가 되게 하기 위하여 죽으
실 것을 예언한 것이다.
53 그들은 그 날로부터 예수
를 죽이려고 모의하였다.
54 그래서 예수께서는 유대
사람들 가운데로 더 이
상 드러나게 다니지 아니
하시고, 거기에서 떠나,
광야에서 가까운 지방
에브라임이라는 마을로
가서, 제자들과 함께 지
내셨다.
55 유대 사람들의 유월절이
가까이 다가오니, 많은
사람이 자기의 몸을 성결
하게 하려고, 유월절 전
에 시골에서 예루살렘으
로 올라왔다.
56 그들은 예수를 찾다가,
성전 뜰에 서서 서로 말
하였다. "당신들은 어떻
게 생각합니까? 그가 명
절을 지키러 오지 않겠습
니까?"
57 대제사장들과 바리새파
사람들은 예수를 잡으려
고, 누구든지 그가 있는
곳을 알거든 알려 달라
는 명령을 내려 두었다.

12장

마리아가 예수님의 장례를 준비하는 의미로 주님의 발에 향유를 붓습니다. 예수님이 예루살렘에 들어가시자, 많은 사람들이 종려나무 가지를 흔들며 환호했습니다. 그들은 예수님의 표징을 듣고 환호했지만, 예수님이 가시는 길은 자신의 생명을 내어주는 십자가의 길이었습니다.

한 여자가 예수의 발에 향유를 붓다

1 유월절 엿새 전에, 예수
께서 베다니에 가셨다.
그 곳은 예수께서 죽은

사람 가운데에 살리신
나사로가 사는 곳이다.
2 거기서 예수를 위하여
잔치를 베풀었는데, 마르
다는 시중을 들고 있었
고, 나사로는 식탁에서
예수와 함께 음식을 먹
고 있는 사람 가운데 끼
어 있었다.
3 그 때에 마리아가 매우
값진 순 나드 향유 한 근
을 가져다가 예수의 발에
붓고, 자기 머리털로 그
발을 닦았다. 온 집 안에
향유 냄새가 가득 찼다.
4 예수의 제자 가운데 하
나이며 장차 예수를 넘
겨줄 가룟 유다가 말하
였다.
5 "이 향유를 삼백 데나리
온에 팔아서 가난한 사
람들에게 주지 않고, 왜
이렇게 낭비하는가?"
6 (그가 이렇게 말한 것은,
가난한 사람을 생각해서
가 아니다. 그는 도둑이
어서 돈자루를 맡아 가
지고 있으면서, 거기에
든 것을 훔쳐내곤 하였기
때문이다.)
7 예수께서 말씀하셨다.
"그대로 두어라. 그는 나
의 장사 날에 쓰려고 간
직한 것을 쓴 것이다.

단어

모의하다(11:53) 같이 계획하고 실행할 수단을 의논하다.
유월절(12:1) 요한복음에 나타나는 세 번째 유월절. 예수님이 죽으시는 바로 그 유월절이다.
시중(12:2) 옆에서 여러 잔심부름을 하며 돌봄.
나드(12:3) 향내가 그윽하고 값이 몹시 비싼 향유.
장사(12:7) 죽은 사람을 땅에 묻거나 화장함.

8 가난한 사람들은 언제나 너희와 함께 있지만, 나는 언제나 너희와 함께 있는 것이 아니다."

나사로를 해하려고 모의하다

9 유대 사람들이 예수가 거기에 계신다는 것을 알고, 크게 떼를 지어 몰려왔다. 그들은 예수를 보려는 것만이 아니라, 그가 죽은 사람들 가운데서 다시 살리신 나사로를 보려는 것이었다.

10 그래서 대제사장들은 나사로도 죽이려고 모의하였다.

11 그것은 나사로 때문에 많은 유대 사람이 떨어져 나가서, 예수를 믿었기 때문이다.

예루살렘 입성

12 다음날에는 명절을 지키러 온 많은 무리가, 예수께서 예루살렘에 들어오신다는 말을 듣고,

13 종려나무 가지를 꺾어 들고, 그분을 맞으러 나가서

> "호산나! 주님의 이름으로 오시는 이에게 복이 있기를! 이스라엘의 왕에게 복이 있기를!"

하고 외쳤다.

14 예수께서 어린 나귀를 보시고, 그 위에 올라타셨다. 그것은 이렇게 기록한 성경 말씀과 같았다.

15 "시온의 딸아, 두려워
하지 말아라. 보아라,
네 임금이 어린 나귀
를 타고 오신다."
16 제자들은 처음에는 이
말씀을 깨닫지 못하였으
나, 예수께서 영광을 받
으신 뒤에야, 이것이 예
수를 두고 기록한 것이
며, 또 사람들도 그에게
그렇게 대하였다는 것을
회상하였다.
17 또 예수께서 무덤에서 나
사로를 불러내어 죽은
사람들 가운데서 살리실
때에 함께 있던 사람들
이, 그 일어난 일을 증언
하였다.
18 이렇게 무리가 예수를 맞
으러 나온 것은, 예수가
이런 표징을 행하셨다는
말을 들었기 때문이다.
19 그래서 바리새파 사람들
이 서로 말하였다. "이제
다 틀렸소. 보시오. 온
세상이 그를 따라갔소."

예수를 보러 온 그리스 사람들

20 명절에 예배하러 올라온
사람들 가운데 그리스
사람이 몇 있었는데,
21 그들은 갈릴리 벳새다
출신 빌립에게로 가서 청
하였다. "선생님, 우리가
예수를 뵙고 싶습니다."

단어

종려나무(12:13) 인상적인 외양과 열매의 풍성함 때문에 번영, 아름다움, 승리의 상징이 되었다.
호산나(12:13) '구하옵나니, 이제 구원하소서'의 뜻을 가진, 하나님을 찬양하는 말.
회상하다(12:16) 돌이켜 생각하다.
출신(12:21) 지역, 학교, 직업과 관련된 이력이 있음.

22 빌립은 안드레에게로 가
서 말하고, 안드레와 빌
립은 예수께 그 말을 전
하였다.
23 예수께서 그들에게 대답
하셨다. “인자가 영광을
받을 때가 왔다.
24 내가 진정으로 진정으로
너희에게 말한다. 밀알
하나가 땅에 떨어져서 죽
지 않으면 한 알 그대로
있고, 죽으면 열매를 많
이 맺는다.
25 자기의 목숨을 사랑하는
사람은 잃을 것이요, 이
세상에서 자기의 목숨을
미워하는 사람은, 영생에
이르도록 그 목숨을 보
존할 것이다.
26 나를 섬기려고 하는 사
람은, 누구든지 나를 따
라오너라. 내가 있는 곳
에는, 나를 섬기는 사람
도 나와 함께 있을 것이
다. 누구든지 나를 섬기
면, 내 아버지께서 그를
높여주실 것이다.”

인자는 들려야 한다

27 “지금 내 마음이 괴로우
니, 무슨 말을 하여야 할
까? ‘아버지, 이 시간을
벗어나게 하여 주십시오’
하고 말할까? 아니다. 나
는 바로 이 일 때문에 이
때에 왔다.
28 아버지, 아버지의 이름을
영광스럽게 드러내십시
오.” 그 때에 하늘에서 소

리가 들려 왔다. "내가 이
미 영광되게 하였고, 앞
으로도 영광되게 하겠다."
29 거기에 서서 듣고 있던
무리 가운데서 더러는 천
둥이 울렸다고 하고, 또
더러는 천사가 그에게 말
하였다고 하였다.
30 예수께서 대답하셨다.
"이 소리가 난 것은, 나
를 위해서가 아니라 너희
를 위해서이다.
31 지금은 이 세상이 심판
을 받을 때이다. 이제는
이 세상의 통치자가 쫓겨
날 것이다.
32 내가 땅에서 들려서 올
라갈 때에, 나는 모든 사
람을 내게로 이끌어 올
것이다."
33 이것은 예수께서 자기가
당하실 죽음이 어떠한
것인지를 암시하려고 하
신 말씀이다.
34 그 때에 무리가 예수께
말하였다. "우리는 율법
에서 그리스도는 영원히
살아 계시다는 것을 배
웠습니다. 그런데 어떻게
당신은 인자가 들려야 한
다고 말씀하십니까? 인
자가 누구입니까?"
35 예수께서 그들에게 대답
하셨다. "아직 얼마 동안

단어

인자(12:23) 사람의 아들. 예수님의 초월성과 인간성을 강조한 표현. 예수님께서 자신을 가리키는 호칭으로 자주 사용하셨다.

보존하다(12:25) 잘 보호하고 간수하여 남기다.

더러(12:29) 전체 가운데서 얼마쯤.

암시하다(12:33) 명확히 밝히지 않고 넌지시 알리다.

은 빛이 너희 가운데 있
을 것이다. 빛이 있는 동
안에 걸어다녀라. 어둠이
너희를 이기지 못하게 하
여라. 어둠 속을 다니는
사람은 자기가 어디로 가
는지를 모른다.
36 빛이 있는 동안에 너희
는 그 빛을 믿어서, 빛의
자녀가 되어라."

유대 사람들의 불신앙

이 말씀을 하신 뒤에, 예
수께서는 그들을 떠나서
몸을 숨기셨다.
37 예수께서 그렇게 많은 표
징을 그들 앞에 행하셨
으나, 그들은 예수를 믿
지 아니하였다.
38 그리하여 예언자 이사야
가 한 말이 이루어졌다.
"주님, 우리가 전한
것을 누가 믿었으며,
주님의 팔이 누구에
게 나타났습니까?"
39 그들이 믿을 수 없었던
까닭을, 이사야가 또 이
렇게 말하였다.
40 "주님께서 그들의 눈
을 멀게 하시고, 그들
의 마음을 무디게 하
셨다. 그것은 그들이
눈이 있어도 보지 못
하게 하고, 마음으로
깨달아서 돌아서지
못하게 하여, 나에게
고침을 받지 못하게
하려는 것이다."
41 이사야가 이렇게 말한

것은, 그가 예수의 영광
을 보았기 때문이다. 이
말은 그가 예수를 가리
켜서 한 것이다.
42 지도자 가운데서도 예수
를 믿는 사람이 많이 생
겼으나, 그들은 바리새파
사람들 때문에, 믿는다
는 사실을 드러내지는 못
하였다. 그것은, 그들이
회당에서 쫓겨날까봐 두
려워하였기 때문이다.
43 그들은 하나님의 영광보
다도 사람의 영광을 더
사랑하였다.

마지막 날과 심판

44 예수께서 큰 소리로 말
씀하셨다. "나를 믿는 사
람은 나를 믿는 것이 아
니라 나를 보내신 분을
믿는 것이요,
45 나를 보는 사람은 나를
보내신 분을 보는 것이다.
46 나는 빛으로서 세상에
왔다. 그것은, 나를 믿는
사람은 아무도 어둠 속
에 머무르지 않도록 하
려는 것이다.
47 어떤 사람이 내 말을 듣
고서 그것을 지키지 않
는다 하더라도, 나는 그
를 심판하지 아니한다.
나는 세상을 심판하러
온 것이 아니라 구원하

단어

이사야(12:38) 구약의 대선지자. 남유다 왕국에서 주로 활동했는데, 그의 사역과 예언들은 이사야서에 기록되어 있다.

회당에서 쫓겨날까봐(12:42) 유대인의 종교와 생활의 중심지인 회당에서 쫓겨난다는 것은 공동체에서 쫓겨난다는 것과 같은 의미였다.

러 왔다.
48 나를 배척하고 내 말을
받아들이지 않는 사람을
심판하시는 분이 따로 계
시다. 내가 말한 바로 이
말이, 마지막 날에 그를
심판할 것이다.
49 나는 내 마음대로 말한
것이 아니다. 나를 보내
신 아버지께서, 내가 무
엇을 말해야 하고, 또 무
엇을 이야기해야 하는가
를, 친히 나에게 명령해
주셨다.
50 나는 그의 명령이 영생
인 줄 안다. 그러므로 나
는 무엇이든지 아버지께
서 나에게 말씀하여 주
신 대로 말할 뿐이다."

13장 유월절 만찬 자리에서 예수님은 제자들의 발을 씻어주시며 섬김의 종으로 몸소 본을 보이셨습니다. 이 모습은 예수님의 십자가 죽음을 앞두고서도 이기적인 마음으로 다투었던 제자들을 일깨웠습니다. 한편 예수님은 곧 벌어질 유다의 배반과 베드로의 부인을 예언하셨습니다.

제자들의 발을 씻기시다

1 유월절 전에 예수께서는,
자기가 이 세상을 떠나
서 아버지께로 가야 할
때가 된 것을 아시고, 세
상에 있는 자기의 사람
들을 사랑하시되, 끝까지
사랑하셨다.
2 저녁을 먹을 때에, 악마
가 이미 시몬 가룟의 아
들 유다의 마음 속에 예
수를 팔아 넘길 생각을
불어넣었다.
3 예수께서는, 아버지께서
모든 것을 자기 손에 맡

기신 것과 자기가 하나
님께로부터 왔다가 하나
님께로 돌아간다는 것을
아시고,
4 잠수시던 자리에서 일어
나서, 겉옷을 벗고, 수건
을 가져다가 허리에 두르
셨다.
5 그리고 대야에 물을 담
아다가, 제자들의 발을
씻기시고, 그 두른 수건
으로 닦아주셨다.
6 시몬 베드로의 차례가
되었다. 이 때에 베드로
가 예수께 말하였다. "주
님, 주님께서 내 발을 씻
기시렵니까?"
7 예수께서 그에게 대답하
셨다. "내가 하는 일을
지금은 네가 알지 못하
나, 나중에는 알게 될 것
이다."
8 베드로가 다시 예수께
말하였다. "아닙니다. 내
발은 절대로 씻기지 못하
십니다." 예수께서 그에
게 말씀하셨다. "내가 너
를 씻기지 아니하면, 너
는 나와 상관이 없다."
9 그러자 시몬 베드로는
예수께 이렇게 말하였다.
"주님, 내 발뿐만이 아니
라, 손과 머리까지도 씻
겨 주십시오."

단어

배척하다(12:48) 반대하거나 거부하여 밀어 내치다.
친히(12:49) 신분·지위가 높은 사람이 직접.
제자들의 발을 씻기시고(13:5) 샌들을 신는 당시 문화에서 발은 몸에서 가장 더러운 부분이었고, 발을 씻기는 일은 천한 노예가 했던 일이었다. 예수님은 직접 낮은 자세로 섬김의 모습을 보여주셨다.

10 예수께서 그에게 말씀하
셨다. "이미 목욕한 사람
은 온 몸이 깨끗하니, 발
밖에는 더 씻을 필요가
없다. 너희는 깨끗하다.
그러나, 다 그런 것은 아
니다."
11 예수께서는 자기를 팔아
넘길 사람을 알고 계셨
다. 그러므로 "너희가 다
깨끗한 것은 아니다" 하
고 말씀하신 것이다.
12 예수께서 제자들의 발을
씻겨주신 뒤에, 옷을 입
으시고 식탁에 다시 앉
으셔서, 그들에게 말씀하
셨다. "내가 너희에게 한
일을 알겠느냐?
13 너희가 나를 선생님 또
는 주님이라고 부르는데,
그것은 옳은 말이다. 내
가 사실로 그러하다.
14 주이며 선생인 내가 너희
의 발을 씻겨 주었으니,
너희도 서로 남의 발을
씻겨 주어야 한다.
15 내가 너희에게 한 것과
같이, 너희도 이렇게 하
라고, 내가 본을 보여 준
것이다.
16 내가 진정으로 진정으로
너희에게 말한다. 종이
주인보다 높지 않으며,
보냄을 받은 사람이 보낸
사람보다 높지 않다.
17 너희가 이것을 알고 그대
로 하면, 복이 있다.
18 나는 너희 모두를 가리

겨서 말하는 것이 아니
다. 나는 내가 택한 사람
들을 안다. 그러나 '내 빵
을 먹는 자가 나를 배반
하였다' 한 성경 말씀이
이루어질 것이다.
19 내가 그 일이 일어나기
전에 너희에게 미리 말하
는 것은, 그 일이 일어날
때에, 너희로 하여금 '내
가 곧 나'임을 믿게 하려
는 것이다.
20 내가 진정으로 진정으로
너희에게 말한다. 내가 보
내는 사람을 영접하는 사
람은 나를 영접하는 사람
이요, 나를 영접하는 사
람은 나를 보내신 분을
영접하는 사람이다."

배신당하실 것을 예고하시다

21 예수께서 이 말씀을 하
시고 나서, 마음이 괴로
우셔서, 환히 드러내어
말씀하셨다. "내가 진정
으로 진정으로 너희에게
말한다. 너희 가운데 한
사람이 나를 팔아 넘길
것이다."
22 제자들은 예수께서, 누
구를 두고 하시는 말씀
인지 몰라서, 서로 바라
다보았다.
23 제자들 가운데 한 사람,
곧 예수께서 사랑하시는

단어

본(13:15) 어떤 사실을 설명하거나 증명하기 위하여 내세워 보이는 대표적인 것.
진정(13:16) 거짓이 없이 참으로.
배반하다(13:18) 믿음과 의리를 저버리고 관계를 끊고 돌아서다.
예수께서 사랑하시는 제자(13:23) 사도 요한 자신.

제자가 바로 예수의 품
에 기대어 앉아 있었다.
24 시몬 베드로가 그에게
고갯짓을 하여, 누구를
두고 하시는 말씀인지 여
쭈어 보라고 하였다.
25 그 제자가 예수의 가슴
에 바싹 기대어 “주님, 그
가 누구입니까?” 하고 물
었다.
26 예수께서 대답하셨다.
“내가 이 빵조각을 적셔
서 주는 사람이 바로 그
사람이다.” 그리고 그 빵
조각을 적셔서 시몬 가
룟의 아들 유다에게 주
셨다.
27 그가 빵조각을 받자, 사
탄이 그에게 들어갔다.
그 때에 예수께서 유다
에게 말씀하셨다. “네가
할 일을 어서 하여라.”
28 그러나 거기 앉아 있는
사람들 가운데서 아무도,
예수께서 그에게 무슨 뜻
으로 그런 말씀을 하셨는
지를 알지 못하였다.
29 어떤 이들은, 유다가 돈
자루를 맡고 있으므로,
예수께서 그에게 명절에
그 일행이 쓸 물건을 사
라고 하셨거나, 또는 가
난한 사람들에게 무엇을
주라고 말씀하신 것으로
생각하였다.
30 유다는 그 빵조각을 받
고 나서, 곧 나갔다. 때
는 밤이었다.

새 계명

31 유다가 나간 뒤에, 예수께
서 말씀하셨다. "이제는
인자가 영광을 받았고,
하나님께서도 인자로 말
미암아 영광을 받으셨다.
32 [하나님께서 인자로 말
미암아 영광을 받으셨으
면,] 하나님께서도 몸소
인자를 영광되게 하실
것이다. 이제 곧 그렇게
하실 것이다.
33 어린 자녀들아, 아직 잠
시 동안은 내가 너희와
함께 있겠다. 그러나 너
희가 나를 찾을 것이다.
내가 일찍이 유대 사람
들에게 '내가 가는 곳에
너희는 올 수 없다' 하고
말한 것과 같이, 지금 나
는 너희에게도 말하여
둔다.
34 이제 나는 너희에게 새
계명을 준다. 서로 사랑
하여라. 내가 너희를 사
랑한 것 같이, 너희도 서
로 사랑하여라.
35 너희가 서로 사랑하면,
모든 사람이 그것으로써
너희가 내 제자인 줄을
알게 될 것이다."

베드로의 부인을 예고하시다

36 시몬 베드로가 예수께
물었다. "주님, 어디로 가

단어

사탄(13:27) 타락한 영들의 우두머리이며, 하나님과 사람의 주요한 대적이다.

인자(13:31) 사람의 아들. 예수님의 초월성과 인간성을 강조한 표현. 예수님께서 자신을 가리키는 호칭으로 자주 사용하셨다.

계명(13:34) 반드시 지켜야 할 조건. 하나님의 명령.

십니까?" 예수께서 대답
하셨다. "내가 가는 곳에
네가 지금은 따라올 수
없으나, 나중에는 따라
올 수 있을 것이다."
37 베드로가 예수께 말하였
다. "주님, 왜 지금은 내
가 따라갈 수 없습니까?
나는 주님을 위하여서는
내 목숨이라도 바치겠습
니다."
38 예수께서 대답하셨다.
"네가 나를 위하여 네 목
숨이라도 바치겠다는 말
이냐? 내가 진정으로 진
정으로 너에게 말한다.
닭이 울기 전에, 너는 세
번 나를 모른다고 할 것
이다."

14장 유다의 배반과 베드로의 부인, 예수님의 죽음에 관한 예고를 들은 제자들은 무척 불안해했습니다. 예수님은 제자들을 위로하시며 보혜사 성령을 보내주시겠다고 약속하셨습니다. 예수님은 성령을 통해 언제나 제자들과 함께하실 것입니다. 예수님의 이 약속은 부활하신 후 오순절 성령 강림을 통해 이루어집니다.

예수는 하나님께 이르는 길

1 "너희는 마음에 근심하
지 말아라. 하나님을 믿
고 또 나를 믿어라.
2 내 아버지의 집에는 있을
곳이 많다. 그렇지 않다
면, 내가 너희가 있을 곳
을 마련하러 간다고 너희
에게 말했겠느냐? 나는
너희가 있을 곳을 마련
하러 간다.
3 내가 가서 너희가 있을
곳을 마련하면, 다시 와
서 너희를 나에게로 데려
다가, 내가 있는 곳에 너

희도 함께 있게 하겠다.
4 너희는 내가 어디로 가는
지 그 길을 알고 있다."
5 도마가 예수께 말하였다.
"주님, 우리는 주님께서
어디로 가시는지도 모르
는데, 어떻게 그 길을 알
겠습니까?"
6 예수께서 그에게 말씀하
셨다. "나는 길이요, 진리
요, 생명이다. 나를 거치
지 않고서는, 아무도 아버
지께로 갈 사람이 없다.
7 너희가 나를 알았더라면
내 아버지도 알았을 것이
다. 이제 너희는 내 아버
지를 알고 있으며, 그분
을 이미 보았다."
8 빌립이 예수께 말하였다.
"주님, 우리에게 아버지
를 보여 주십시오. 그러
면 좋겠습니다."
9 예수께서 대답하셨다.
"빌립아, 내가 이렇게 오
랫동안 너희와 함께 지냈
는데도, 너는 나를 알지
못하느냐? 나를 본 사람
은 아버지를 보았다. 그
런데 네가 어찌하여 '우리
에게 아버지를 보여 주십
시오' 하고 말하느냐?
10 내가 아버지 안에 있고
아버지께서 내 안에 계시
다는 것을, 네가 믿지 않

단어

세 번(13:38) 베드로의 부인이 실수가 아니라, 핑계를 댈 수 없는 완전한 부인임을 말씀하신 것이다.
근심(14:1) 해결되지 않은 일로 속이 타고 우울함.
내 아버지의 집(14:2) 천국. 예수님은 천국을 상상의 장소가 아니라 분명히 존재하는 장소로 가르치셨다.
거치다(14:6) 과정이나 단계를 그대로 따라 치르다.

느냐? 내가 너희에게 하
는 말은 내 마음대로 하
는 것이 아니다. 아버지
께서 내 안에 계시면서
자기의 일을 하신다.
11 내가 아버지 안에 있고,
아버지께서 내 안에 계시
다는 것을 믿어라. 믿지
못하겠거든 내가 하는
그 일들을 보아서라도 믿
어라.
12 내가 진정으로 진정으로
너희에게 말한다. 나를
믿는 사람은 내가 하는
일을 그도 할 것이요, 그
보다 더 큰 일도 할 것이
다. 그것은 내가 아버지
께로 가기 때문이다.
13 너희가 내 이름으로 구
하는 것은, 내가 무엇이
든지 다 이루어 주겠다.
이것은 아들로 말미암아
아버지께서 영광을 받으
시게 하려는 것이다.
14 너희가 무엇이든지 내 이
름으로 구하면, 내가 다
이루어 주겠다.”

성령의 약속

15 “너희가 나를 사랑하면,
내 계명을 지킬 것이다.
16 내가 아버지께 구하겠다.
그리하면 아버지께서 다
른 보혜사를 너희에게 보
내셔서, 영원히 너희와 함
께 계시게 하실 것이다.
17 그는 진리의 영이시다. 세
상은 그를 보지도 못하고
알지도 못하므로, 그를

맞아들일 수가 없다. 그
러나 너희는 그를 안다.
그것은, 그가 너희와 함
께 계시고, 또 너희 안에
계실 것이기 때문이다.
18 나는 너희를 고아처럼 버
려 두지 아니하고, 너희
에게 다시 오겠다.
19 조금 있으면, 세상이 나
를 보지 못할 것이다. 그
러나 너희는 나를 보게
될 것이다. 그것은 내가
살아 있고, 너희도 살아
있을 것이기 때문이다.
20 그 날에 너희는, 내가 내
아버지 안에 있고, 너희
가 내 안에 있으며, 또
내가 너희 안에 있음을
알게 될 것이다.
21 내 계명을 받아서 지키
는 사람은 나를 사랑하
는 사람이요, 나를 사랑
하는 사람은 내 아버지
의 사랑을 받을 것이다.
그리고 나도 그 사람을
사랑하여, 그에게 나를
드러낼 것이다."
22 가룟 유다가 아닌 다른
유다가 물었다. "주님, 주
님께서 우리에게는 자신
을 드러내시고, 세상에는
드러내려고 하지 않으시
는 것은 무슨 까닭입니
까?"

단어

말미암아(14:13) 어떤 현상이나 사물 따위가 원인이나 이유가 되다.
보혜사(14:16) 성령, 중보자, 위로자, 변호자. 어원적으로 어떤 사람의 곁에 서서 격려하며 권고하는 사람을 의미한다.
고아(14:18) 부모를 여의고 홀로된 아이.

23 예수께서 그에게 대답하
셨다. "누구든지 나를 사
랑하는 사람은 내 말을
지킬 것이다. 그리하면
내 아버지께서 그 사람
을 사랑하실 것이요, 내
아버지와 나는 그 사람
에게로 가서 그 사람과
함께 살 것이다.
24 나를 사랑하지 않는 사
람은 내 말을 지키지 아
니한다. 너희가 듣고 있
는 이 말은, 내 말이 아
니라, 나를 보내신 아버
지의 말씀이다."
25 "내가 너희와 함께 있는
동안에, 나는 이 말을 너
희에게 말하였다.
26 그러나 보혜사, 곧 아버
지께서 내 이름으로 보
내실 성령께서, 너희에게
모든 것을 가르쳐 주실
것이며, 또 내가 너희에
게 말한 모든 것을 생각
나게 하실 것이다.
27 나는 평화를 너희에게
남겨 준다. 나는 내 평화
를 너희에게 준다. 내가
너희에게 주는 평화는
세상이 주는 것과 같지
않다. 너희는 마음에 근
심하지 말고, 두려워하지
도 말아라.
28 너희는 내가 갔다가 너희
에게로 다시 온다고 한
내 말을 들었다. 너희가
나를 사랑한다면, 내가
아버지께로 가는 것을 기

빼했을 것이다. 내 아버지는 나보다 크신 분이기 때문이다.

29 지금 나는 그 일이 일어나기 전에 미리 너희에게 말하였다. 이것은 그 일이 일어날 때에 너희로 하여금 믿게 하려는 것이다.

30 나는 너희와 더 이상 말을 많이 하지 않겠다. 이 세상의 통치자가 가까이 오고 있기 때문이다. 그는 나를 어떻게 할 아무런 권한이 없다.

31 다만 내가 아버지를 사랑한다는 것과, 아버지께서 내게 분부하신 그대로 내가 행한다는 것을, 세상에 알리려는 것이다. 일어나거라. 여기에서 떠나자."

15장 예수님은 포도나무 비유를 통해, 예수님과 우리가 하나로 연합되어야 함을 가르치셨습니다. 가지인 우리가 참 포도나무이신 예수님 안에 있으면 많은 열매를 맺을 수 있지만, 그렇지 않으면 영적으로 죽을 수밖에 없음을 가르치셨습니다. 또한 예수님은 제자들이 세상에서 많은 핍박을 받게 될 것을 말씀하셨습니다.

나는 참 포도나무이다

1 "나는 참 포도나무요, 내 아버지는 농부이시다.

2 내게 붙어 있으면서도 열매를 맺지 못하는 가지는, 아버지께서 다 잘라 버리시고, 열매를 맺는 가지는 더 많은 열매

단어

통치자(14:30) 일정한 나라나 지역을 도맡아 다스리는 사람.

권한(14:30) 사람이나 기관이 보유하여 행사할 수 있는 권리나 권력의 범위.

분부하다(14:31) 사람이 아랫사람에게 어떤 일을 하도록 명령을 내리다.

를 맺게 하시려고 손질
하신다.
3 너희는, 내가 너희에게
말한 그 말로 말미암아
이미 깨끗하게 되었다.
4 내 안에 머물러 있어라.
그리하면 나도 너희 안
에 머물러 있겠다. 가지
가 포도나무에 붙어 있
지 아니하면 스스로 열
매를 맺을 수 없는 것과
같이, 너희도 내 안에 머
물러 있지 아니하면 열매
를 맺을 수 없다.
5 나는 포도나무요, 너희
는 가지이다. 사람이 내
안에 머물러 있고, 내가
그 안에 머물러 있으면,
그는 많은 열매를 맺는
다. 너희는 나를 떠나서
는 아무것도 할 수 없다.
6 사람이 내 안에 머물러
있지 아니하면, 그는 쓸
모 없는 가지처럼 버림
을 받아서 말라 버린다.
사람들이 그것을 모아다
가, 불에 던져서 태워 버
린다.
7 너희가 내 안에 머물러
있고, 내 말이 너희 안에
머물러 있으면, 너희가
무엇을 구하든지 다 그대
로 이루어질 것이다.
8 너희가 열매를 많이 맺어
서 내 제자가 되면, 이것
으로 내 아버지께서 영
광을 받으실 것이다.
9 아버지께서 나를 사랑하

신 것과 같이, 나도 너희
를 사랑하였다. 너희는
내 사랑 안에 머물러 있
어라.
10 너희가 내 계명을 지키
면, 내 사랑 안에 머물
러 있을 것이다. 그것은
마치 내가 내 아버지의
계명을 지켜서, 그 사랑
안에 머물러 있는 것과
같다.
11 내가 너희에게 이러한 말
을 한 것은, 내 기쁨이
너희 안에 있게 하고, 또
너희의 기쁨이 넘치게 하
려는 것이다.
12 내 계명은 이것이다. 내
가 너희를 사랑한 것과
같이, 너희도 서로 사랑
하여라.
13 사람이 자기 친구를 위
하여 자기 목숨을 내놓
는 것보다 더 큰 사랑은
없다.
14 내가 너희에게 명한 것을
너희가 행하면, 너희는
나의 친구이다.
15 이제부터는 내가 너희를
종이라고 부르지 않겠다.
종은 그의 주인이 무엇
을 하는지를 알지 못한
다. 나는 너희를 친구라
고 불렀다. 내가 아버지
에게서 들은 모든 것을

단어

제자(15:8) 스승의 가르침과 삶을 그대로 따르는 자. 예수님을 믿는 사람.
계명(15:10) 하나님의 명령, 특히 율법, 십계명, 도덕상 마땅히 지켜야 할 생활의 조건.
기쁨(15:11) 원하는 바가 충족되었을 때의 흐뭇하고 흡족한 마음이나 느낌.

너희에게 알려 주었기 때
문이다.
16 너희가 나를 택한 것이
아니라, 내가 너희를 택
하여 세운 것이다. 그것
은 너희가 가서 열매를
맺어, 그 열매가 언제나
남아 있게 하려는 것이
다. 그리하여 너희가 내
이름으로 아버지께 구하
는 것은 무엇이든지 다
받게 하려는 것이다.
17 내가 너희에게 명하는 것
은 이것이다. 너희는 서
로 사랑하여라.”

세상이 너희를 미워할 것이다

18 “세상이 너희를 미워하거
든, 세상이 너희보다 먼
저 나를 미워하였다는
것을 알아라.
19 너희가 세상에 속하여
있다면, 세상이 너희를
자기 것으로 여겨 사랑
할 것이다. 그러나 너희
는 세상에 속하지 않았
고 오히려 내가 너희를
세상에서 가려 뽑아냈으
므로, 세상이 너희를 미
워하는 것이다.
20 내가 너희에게 종이 그
의 주인보다 높지 않다고
한 말을 기억하여라. 사
람들이 나를 박해했으면
너희도 박해할 것이요,
또 그들이 내 말을 지켰
으면 너희의 말도 지킬
것이다.
21 그들은 너희가 내 이름

을 믿는다고 해서, 이런
모든 일을 너희에게 할
것이다. 그것은 그들이
나를 보내신 분을 알지
못하기 때문이다.
22 내가 와서 그들에게 말
해 주지 아니하였더라면,
그들에게는 죄가 없었을
것이다. 그러나 이제는
그들이 자기 죄를 변명할
길이 없다.
23 나를 미워하는 사람은 내
아버지까지도 미워한다.
24 내가 다른 아무도 하지
못한 일을 그들 가운데
서 하지 않았더라면, 그
들에게 죄가 없었을 것이
다. 그러나 이제는 그들
이 내가 한 일을 보고 나
서도, 나와 내 아버지를
미워하였다.
25 그래서 그들의 율법에 '그
들은 까닭 없이 나를 미
워하였다'고 기록한 말씀
이 이루어진 것이다.
26 내가 아버지께로부터 너
희에게 보낼 보혜사 곧
아버지께로부터 오시는
진리의 영이 오시면, 그
영이 나를 위하여 증언
하실 것이다.
27 너희도 처음부터 나와
함께 있었으므로, 나의
증인이 될 것이다."

단어

박해하다(15:20) 억누르거나 못 견디게 굴어서 괴롭히거나 해를 끼치다.
변명하다(15:22) 잘못에 대해 구실을 대며 말하다.
보혜사(15:26) 성령. 중보자. 위로자. 변호자. 어원적으로 어떤 사람의 곁에 서서 격려하며 권고하는 사람을 의미한다.

16장

예수님은 예수님의 말씀을 듣고 근심하는 제자들에게, 보혜사 성령님이 오셔서 하실 일을 말씀하십니다. 비록 지금은 근심하지만 그 근심이 기쁨으로 변할 것이라 말씀하시며, 우리들이 예수님을 믿으며 세상에서 환난을 당하나 예수님께서 이미 승리하셨음을 선포하십니다.

1 “내가 너희에게 이 말을
한 것은, 너희를 넘어지
지 않게 하려는 것이다.
2 사람들이 너희를 회당에
서 내쫓을 것이다. 그리
고 너희를 죽이는 사람
마다, 자기네가 하는 그
러한 일이 하나님을 섬기
는 일이라고 생각할 때가
올 것이다.
3 그들은 아버지도 나도 알
지 못하므로, 그런 일들
을 할 것이다.
4 내가 너희에게 이 말을
하여 두는 것은, 그들이
그러한 일들을 행하는
때가 올 때에, 너희로 하
여금 내가 너희에게 말한
사실을 다시 생각나게 하
려는 것이다.

성령의 일

또 내가 이 말을 처음에
하지 않은 것은, 내가 너
희와 함께 있었기 때문
이다.
5 그러나 나는 지금 나를
보내신 분에게로 간다.
그런데 너희 가운데서 아
무도 나더러 어디로 가느
냐고 묻는 사람이 없고,
6 도리어 내가 한 말 때문
에 너희 마음에는 슬픔
이 가득 찼다.
7 그러나, 내가 너희에게

진실을 말하는데, 내가
떠나가는 것이 너희에게
유익하다. 내가 떠나가
지 않으면, 보혜사가 너
희에게 오시지 않을 것
이다. 그러나 내가 가면,
보혜사를 너희에게 보내
주겠다.
8 그가 오시면, 죄와 의와
심판에 대하여 세상의
잘못을 깨우치실 것이다.
9 죄에 대하여 깨우친다고
함은 세상 사람들이 나
를 믿지 않기 때문이요,
10 의에 대하여 깨우친다고
함은 내가 아버지께로 가
고 너희가 나를 더 이상
못 볼 것이기 때문이요,
11 심판에 대하여 깨우친다
고 함은 이 세상의 통치
자가 심판을 받았기 때
문이다.
12 아직도, 내가 너희에게
할 말이 많으나, 너희가
지금은 감당하지 못한다.
13 그러나 그분 곧 진리의
영이 오시면, 그가 너희
를 모든 진리 가운데로
인도하실 것이다. 그는
자기 마음대로 말씀하지
않으시고, 듣는 것만 일
러 주실 것이요, 앞으로
올 일들을 너희에게 알
려 주실 것이다.

단어

도리어(16:6) 예상이나 기대나 일반적인 생각과는 반대되거나 다르게.

유익하다(16:7) 이롭거나 도움이 될 만한 것이 있다.

깨우치다(16:8) 깨달아 알게 하다.

진리의 영(16:13) 우리를 진리로 인도하시는 하나님의 영이신 성령을 가리킨다.

14 또 그는 나를 영광되게
하실 것이다. 그가 나의
것을 받아서, 너희에게
알려 주실 것이기 때문
이다.
15 아버지께서 가지신 것은
다 나의 것이다. 그렇기
때문에 내가, 성령이 나
의 것을 받아서 너희에게
알려 주실 것이라고 말
한 것이다."

근심이 기쁨으로 변할 것이다

16 "조금 있으면 너희는 나
를 보지 못할 것이다. 그
러나 또 조금 있으면 나
를 볼 것이다."
17 그의 제자 가운데서 몇
몇이 서로 말하였다. "그
가 우리에게 '조금 있으
면 나를 보지 못하게 되
고, 또 조금 있으면 나를
볼 것이다' 하신 말씀이
나, '내가 아버지께로 가
기 때문에'라고 하신 말
씀은 무슨 뜻일까?"
18 그들은 말하기를 "도대체
'조금 있으면'이라는 말씀
이 무슨 뜻일까? 우리는,
그가 무엇을 말씀하시는
지 모르겠다" 하였다.
19 예수께서는, 제자들이 자
기에게 물어보고 싶어하
는 마음을 아시고, 그들
에게 말씀하셨다. "내가,
'조금 있으면, 너희가 나
를 보지 못하게 되고, 또
조금 있으면 나를 볼 것
이다' 한 말을 가지고 서

로 논의하고 있느냐?
20 내가 진정으로 진정으로
너희에게 말한다. 너희는
울며 애통하겠으나, 세상
은 기뻐할 것이다. 그러
나 너희가 근심에 싸여
도, 그 근심이 기쁨으로
변할 것이다.
21 여자가 해산할 때에는
근심에 잠긴다. 진통할
때가 왔기 때문이다. 그
러나 아이를 낳으면, 사
람이 세상에 태어났다
는 기쁨 때문에, 그 고통
을 더 이상 기억하지 않
는다.
22 이와 같이, 지금 너희가
근심에 싸여 있지만, 내
가 다시 너희를 볼 때에
는, 너희의 마음이 기쁠
것이며, 그 기쁨을 너희
에게서 빼앗을 사람이
없을 것이다.
23 그 날에는 너희가 나에
게 아무것도 묻지 않을
것이다. 내가 진정으로
진정으로 너희에게 말한
다. 너희가 아버지께 구
하는 것은, 무엇이나 아
버지께서 내 이름으로
주실 것이다.
24 지금까지는 너희가 아무
것도 내 이름으로 구하
지 않았다. 구하여라. 그

단어

논의하다(16:19) 어떤 문제에 대해 의견을 내 토의하다.
애통하다(16:20) 슬퍼하고 가슴 아파하다.
근심(16:20) 해결되지 않은 일로 속이 타고 우울함.
해산하다(16:21) 아이를 낳다.
진통하다(16:21) 아이를 낳을 때에 짧은 간격으로 반복되는 배의 통증을 겪다.

러면 받을 것이다. 그래
서 너희의 기쁨이 넘치게
될 것이다."

내가 세상을 이겼다

25 "지금까지는 이런 것들
을 내가 너희에게 비유로
말하였으나, 다시는 내가
비유로 말하지 아니하고
아버지에 대하여 분명히
말해 줄 때가 올 것이다.
26 그 날에는 너희가 내 이
름으로 아버지께 구할 것
이다. 내가 너희를 위하
여 아버지께 구하겠다는
말이 아니다.
27 아버지께서는 친히 너희
를 사랑하신다. 그것은,
너희가 나를 사랑하였
고, 또 내가 하나님께로
부터 온 것을 믿었기 때
문이다.
28 나는 아버지에게서 나와
서 세상에 왔다. 나는 세
상을 떠나서 아버지께로
간다."
29 그의 제자들이 말하였
다. "보십시오. 이제 밝히
어 말씀하여 주시고, 비
유로 말씀하지 않으시니,
30 이제야 우리는, 선생님
께서 모든 것을 알고 계
시다는 것과, 누가 선생
님께 물어볼 필요가 없
을 정도로 환히 알려 주
신다는 것을 알았습니다.
이것으로 우리는 선생님
이 하나님께로부터 오신
것을 믿습니다."

31 예수께서 대답하셨다. "이제는 너희가 믿느냐?

32 보아라. 너희가 나를 혼자 버려 두고, 제각기 자기 집으로 흩어져 갈 때가 올 것이다. 그 때가 벌써 왔다. 그런데 아버지께서 나와 함께 계시니, 나는 혼자 있는 것이 아니다.

33 내가 이것을 너희에게 말한 것은, 너희가 내 안에서 평화를 얻게 하려는 것이다. 너희는 세상에서 환난을 당할 것이다. 그러나 용기를 내어라. 내가 세상을 이겼다."

17장

완전한 대제사장이신 예수님은 하나님과 사람 사이에서 중보기도를 드리셨습니다. 이 기도는 성부이신 하나님과 성자이신 예수님의 영광을 구하는 것으로 시작합니다. 세상으로 보낸 제자들을 위한 기도로 이어져, 믿음의 사람들이 하나 되기를 구하는 것으로 마무리됩니다.

예수께서 기도하시다

1 예수께서 이 말씀을 마치시고, 눈을 들어 하늘을 우러러보시고 말씀하셨다. "아버지, 때가 왔습니다. 아버지의 아들을 영광되게 하셔서, 아들이 아버지께 영광을 돌리게 하여 주십시오.

2 아버지께서는 아들에게 모든 사람을 다스리는 권세를 주셨습니다. 그것은 아들로 하여금 아버

단어

비유(16:25) 어떤 현상이나 사물을 직접 설명하지 아니하고 다른 비슷한 현상이나 사물에 빗대어서 설명하는 일.

친히(16:27) 신분·지위가 높은 사람이 직접.

제각기(16:32) 사람마다 또는 사물마다 따로따로.

환난(16:33) 근심과 재난을 아울러 이르는 말.

지께서 그에게 주신 모든
사람에게 영생을 주게
하려는 것입니다.
3 영생은 오직 한 분이신
참 하나님을 알고, 또 아
버지께서 보내신 예수 그
리스도를 아는 것입니다.
4 나는 아버지께서 내게
하라고 맡기신 일을 완
성하여, 땅에서 아버지께
영광을 돌렸습니다.
5 아버지, 창세 전에 내가
아버지와 함께 누리던 그
영광으로, 나를 아버지
앞에서 영광되게 하여
주십시오.
6 나는, 아버지께서 세상에
서 택하셔서 내게 주신
사람들에게 아버지의 이
름을 드러냈습니다. 그들
은 본래 아버지의 사람
들인데, 아버지께서 그들
을 나에게 주셨습니다.
그들은 아버지의 말씀을
지켰습니다.
7 지금 그들은, 아버지께서
내게 주신 모든 것이, 아
버지께로부터 온 것임을
알고 있습니다.
8 나는 아버지께서 내게
주신 말씀을 그들에게
주었습니다. 그들은 그
말씀을 받아들였으며,
내가 아버지께로부터 온
것을 참으로 알았고, 또
아버지께서 나를 보내신
것을 믿었습니다.
9 나는 그들을 위하여 빕

니다. 나는 세상을 위하
여 비는 것이 아니고, 아
버지께서 내게 주신 사
람들을 위하여 빕니다.
그들은 모두 아버지의 사
람들입니다.
10 나의 것은 모두 아버지의
것이고, 아버지의 것은
모두 나의 것입니다. 나
는 그들로 말미암아 영
광을 받았습니다.
11 나는 이제 더 이상 세상
에 있지 않으나, 그들은
세상에 있습니다. 나는
아버지께로 갑니다. 거룩
하신 아버지, 아버지께서
내게 주신 아버지의 이
름으로 그들을 지켜주셔
서, 우리가 하나인 것 같
이, 그들도 하나가 되게
하여 주십시오.
12 내가 그들과 함께 지내는
동안은, 아버지께서 내게
주신 아버지의 이름으
로 그들을 지키고 보호
하였습니다. 그러므로 그
들 가운데서는 한 사람
도 잃지 않았습니다. 다
만, 멸망의 자식만 잃은
것은 성경 말씀을 이루
기 위함이었습니다.
13 이제 나는 아버지께로 갑
니다. 내가 세상에서 이
것을 아뢰는 것은, 내 기

단어

창세(17:5) 처음으로 세상을 만듦.
본래(17:6) 사물이나 현상이 만들어지거나 생겨난 처음부터.
말미암아(17:10) 어떤 현상이나 사물이 원인이나 이유가 되다.
멸망의 자식(17:12) 여기서는 가룟 유다를 말한다.

뻠이 그들 속에 차고 넘
치게 하려는 것입니다.
14 나는 그들에게 아버지의
말씀을 주었는데, 세상
은 그들을 미워하였습니
다. 그것은, 내가 세상에
속하여 있지 않은 것과
같이, 그들도 세상에 속
하여 있지 않기 때문입
니다.
15 내가 아버지께 비는 것
은, 그들을 세상에서 데
려 가시는 것이 아니라,
악한 자에게서 그들을
지켜 주시는 것입니다.
16 내가 세상에 속하지 않
은 것과 같이, 그들도 세
상에 속하지 않았습니다.
17 진리로 그들을 거룩하게
하여 주십시오. 아버지의
말씀은 진리입니다.
18 아버지께서 나를 세상에
보내신 것과 같이, 나도
그들을 세상으로 보냈습
니다.
19 그리고 내가 그들을 위하
여 나를 거룩하게 하는
것은, 그들도 진리로 거
룩하게 하려는 것입니다."
20 "나는 이 사람들을 위해
서만 비는 것이 아니고,
이 사람들의 말을 듣고
나를 믿는 사람들을 위
해서도 빕니다.
21 아버지, 아버지께서 내
안에 계시고, 내가 아버
지 안에 있는 것과 같이,
그들도 하나가 되어서 우

리 안에 있게 하여 주십
시오. 그래서 아버지께서
나를 보내셨다는 것을,
세상이 믿게 하여 주십
시오.
22 나는 아버지께서 내게
주신 영광을 그들에게
주었습니다. 그것은, 우
리가 하나인 것과 같이,
그들도 하나가 되게 하려
는 것입니다.
23 내가 그들 안에 있고, 아
버지께서 내 안에 계신
것은, 그들이 완전히 하
나가 되게 하려는 것입니
다. 그것은 또, 아버지께
서 나를 보내셨다는 것
과, 아버지께서 나를 사
랑하신 것과 같이 그들
도 사랑하셨다는 것을,
세상이 알게 하려는 것
입니다.
24 아버지, 아버지께서 내게
주신 사람들도, 내가 있
는 곳에 나와 함께 있게
하여 주시고, 창세 전부
터 아버지께서 나를 사
랑하셔서 내게 주신 내
영광을, 그들도 보게 하
여 주시기를 빕니다.
25 의로우신 아버지, 세상
은 아버지를 알지 못하였
으나, 나는 아버지를 알
았으며, 이 사람들도 아

단어

악한 자(17:15) 하나님의 기준에 어긋난 죄를 짓도록 유혹하고 시험하는 사단과 그의 영향을 받은 자들을 말한다.

거룩하다(17:17) 일반적으로 성스럽고 위대하다는 뜻. 여기에서는 하나님을 섬기고 예배하기 위해 세속적인 것에서 구별함을 뜻한다.

버지께서 나를 보내신 것
을 알고 있습니다.
26 나는 이미 그들에게 아
버지의 이름을 알렸으며,
앞으로도 알리겠습니다.
그것은, 아버지께서 나를
사랑하신 그 사랑이 그
들 안에 있게 하고, 나도
그들 안에 있게 하려는
것입니다."

18장 사도 요한은 빌라도의 재판 장면을 자세하게 설명합니다. 말씀을 읽는 이방인들에게 예수님이 죄가 없으시다는 것을 분명히 알리고 싶었기 때문으로 보입니다. 빌라도는 예수님께 아무런 죄도 찾을 수 없었지만, 군중들이 두려워 예수님을 십자가에 못 박으라 했습니다.

배반당하고 잡히시다

1 예수께서 이 말씀을 하
신 뒤에, 제자들과 함께
기드론 골짜기 건너편으
로 가셨다. 거기에는 동
산이 하나 있었는데, 예
수와 그 제자들이 거기
에 들어가셨다.
2 예수가 그 제자들과 함
께 거기서 여러 번 모이
셨으므로, 예수를 넘겨
줄 유다도 그 곳을 알고
있었다.
3 유다는 로마 군대 병정
들과, 제사장들과 바리
새파 사람들이 보낸 성
전 경비병들을 데리고
그리로 갔다. 그들은 등
불과 횃불과 무기를 들
고 있었다.
4 예수께서는 자기에게 닥
쳐올 일을 모두 아시고,
앞으로 나서서 그들에게
물으셨다. "너희는 누구

를 찾느냐?"
5 그들이 대답하였다. "나
사렛 사람 예수요." 예수
께서 그들에게 말씀하셨
다. "내가 그 사람이다."
예수를 넘겨줄 유다도 그
들과 함께 서 있었다.
6 예수께서 그들에게 "내
가 그 사람이다" 하고 말
씀하시니, 그들은 뒤로
물러나서 땅에 쓰러졌다.
7 다시 예수께서 그들에게
물으셨다. "너희는 누구
를 찾느냐?" 그들이 대
답하였다. "나사렛 사람
예수요."
8 예수께서 말씀하셨다.
"내가 그 사람이라고 너
희에게 이미 말하였다. 너
희가 나를 찾거든, 이 사
람들은 물러가게 하여라."
9 이렇게 말씀하신 것은,
예수께서 전에 '아버지께
서 나에게 주신 사람을,
나는 한 사람도 잃지 않
았습니다' 하신 그 말씀
을 이루게 하시려는 것이
었다.
10 시몬 베드로가 칼을 가
지고 있었는데, 그는 그
것을 빼어 대제사장의
종을 쳐서, 오른쪽 귀를
잘라버렸다. 그 종의 이
름은 말고였다.

단어

동산(18:1) 마을 부근에 있는 작은 산이나 언덕으로, 여기에서는 겟세마네 동산을 말한다.

병정(18:3) 병역에 복무하는 장정.

바리새파(18:3) 유대교의 한 분파로, 유대교의 규례와 율법을 비롯해 각종 관습과 전통을 엄격하게 지키던 사람들.

11 그 때에 예수께서 베드로
에게 말씀하셨다. "그 칼
을 칼집에 꽂아라. 아버
지께서 나에게 주신 이
잔을, 내가 어찌 마시지
않겠느냐?"

대제사장 앞에 서시다

12 로마 군대 병정들과 그
부대장과 유대 사람들의
성전 경비병들이 예수를
잡아 묶어서
13 먼저 안나스에게로 끌고
갔다. 안나스는 그 해의
대제사장인 가야바의 장
인인데,
14 가야바는 '한 사람이 온
백성을 위하여 죽는 것
이 유익하다'고 유대 사
람에게 조언한 사람이다.

베드로가 예수를 모른다고 하다

15 시몬 베드로와 또 다른
제자 한 사람이 예수를
따라갔다. 그 제자는 대
제사장과 잘 아는 사이
라서, 예수를 따라 대제
사장의 집 안뜰에까지
들어갔다.
16 그러나 베드로는 대문
밖에 서 있었다. 그런데
대제사장과 잘 아는 사
이인 그 다른 제자가 나
와서, 문지기 하녀에게
말하고, 베드로를 데리
고 들어갔다.
17 그 때에 문지기 하녀가
베드로에게 말하였다.
"당신도 이 사람의 제자
가운데 한 사람이지요?"

베드로는 "아니오" 하고
대답하였다.
18 날이 추워서, 종들과 경
비병들이 숯불을 피워
놓고 서서 불을 쬐고 있
는데, 베드로도 그들과
함께 서서 불을 쬐고 있
었다.

대제사장이 예수를 신문하다

19 대제사장은 예수께 그의
제자들과 그의 가르침에
관하여 물었다.
20 예수께서 대답하셨다.
"나는 드러내 놓고 세상
에 말하였소. 나는 언제
나 모든 유대 사람이 모
이는 회당과 성전에서 가
르쳤으며, 아무것도 숨어
서 말한 것이 없소.
21 그런데 어찌하여 나에게
묻소? 내가 무슨 말을
하였는지를, 들은 사람
들에게 물어 보시오. 내
가 말한 것을 그들이 알
고 있소."
22 예수께서 이렇게 말씀하
시니, 경비병 한 사람이
곁에 서 있다가 "대제사
장에게 그게 무슨 대답
이냐?" 하면서, 손바닥으
로 예수를 때렸다.
23 예수께서 그 사람에게
말씀하셨다. "내가 한 말
에 잘못이 있으면, 잘못

단어

잔(18:11) 예수님이 지셔야하는 고난과 십자가를 상징한다.
장인(18:13) 아내의 아버지.
또 다른 제자(18:15) 요한복음을 기록한 사도 요한 자신.
회당(18:20) 유대인들이 예배드리고 율법을 가르치는 데 사용된 건물.

되었다는 증거를 대시오.
그러나 내가 한 말이 옳
다면, 어찌하여 나를 때
리시오?"
24 안나스는 예수를 묶은
그대로 대제사장 가야바
에게로 보냈다.

다시 예수를 모른다고 한 베드로

25 시몬 베드로는 서서, 불
을 쬐고 있었다. 사람들
이 그에게 물었다. "당신
도 그의 제자 가운데 한
사람이지요?" 베드로가
부인하여 "나는 아니오!"
하고 말하였다.
26 베드로에게 귀를 잘린
사람의 친척으로서, 대제
사장의 종 가운데 한 사
람이 베드로에게 말하였
다. "당신이 동산에서 그
와 함께 있는 것을 내가
보았는데 그러시오?"
27 베드로가 다시 부인하였
다. 그러자 곧 닭이 울
었다.

빌라도 앞에 서시다

28 사람들이 가야바의 집에
서 총독 관저로 예수를
끌고 갔다. 때는 이른 아
침이었다. 그들은 몸을
더럽히지 않고 유월절
음식을 먹기 위하여 관
저 안에는 들어가지 않
았다.
29 빌라도가 그들에게 나와
서 "당신들은 이 사람을
무슨 일로 고발하는 거
요?" 하고 물었다.

30 그들이 빌라도에게 대답
하였다. "이 사람이 악
한 일을 하는 사람이 아
니라면, 우리가 총독님
께 넘기지 않았을 것입
니다."
31 빌라도가 그들에게 말하
였다. "그를 데리고 가서,
당신들의 법대로 재판하
시오." 유대 사람들이 "우
리는 사람을 죽일 권한
이 없습니다" 하고 대답
하였다.
32 이렇게 하여, 예수께서
자기가 어떠한 죽음으로
죽을 것인가를 암시하여
주신 말씀이 이루어졌다.
33 빌라도가 다시 관저 안으
로 들어가, 예수를 불러
내서 물었다. "당신이 유
대 사람들의 왕이오?"
34 예수께서 대답하셨다.
"당신이 하는 그 말은 당
신의 생각에서 나온 말
이오? 그렇지 않으면, 나
에 관하여 다른 사람들
이 말하여 준 것이오?"
35 빌라도가 말하였다. "내
가 유대 사람이란 말이
오? 당신의 동족과 대제
사장들이 당신을 나에게
넘겨주었소. 당신은 무슨
일을 하였소?"
36 예수께서 대답하셨다.

단어

부인하다(18:25) 어떤 내용이나 사실을 옳거나 그러하다고 인정하지 아니함.
관저(18:28) 고위 공무원을 위해 정부에서 마련한 집.
빌라도(18:29) 본디오 빌라도. 유다에 파견된 로마 총독(A.D. 26–36년). 예수님의 재판을 주관했으며, 예수님께 십자가형을 언도하였다.

"내 나라는 이 세상에 속
한 것이 아니오. 나의 나
라가 세상에 속한 것이라
면, 나의 부하들이 싸워
서, 나를 유대 사람들의
손에 넘어가지 않게 하였
을 것이오. 그러나 사실
로 내 나라는 이 세상에
속한 것이 아니오."
37 빌라도가 예수께 물었다.
"그러면 당신은 왕이오?"
예수께서 대답하셨다.
"당신이 말한 대로 나는
왕이오. 나는 진리를 증
언하기 위하여 태어났으
며, 진리를 증언하기 위
하여 세상에 왔소. 진리
에 속한 사람은, 누구나
내가 하는 말을 듣소."
38 빌라도가 예수께 "진리가
무엇이오?" 하고 물었다.

사형 선고를 받으시다

빌라도는 이 말을 하고,
다시 유대 사람들에게로
나아와서 말하였다. "나
는 그에게서 아무 죄도
찾지 못하였소.
39 유월절에는 내가 여러분
에게 죄수 한 사람을 놓
아주는 관례가 있소. 그
러니 유대 사람들의 왕
을 놓아주는 것이 어떻
겠소?"
40 그들은 다시 큰 소리로
"그 사람이 아니오. 바
라바를 놓아주시오" 하
고 외쳤다. 바라바는 강
도였다.

19장

빌라도가 예수님을 처형하도록 유대 사람에게 넘겨줍니다. 예수님은 가시관과 자색 옷으로 백성들에게 조롱을 당하시면서도 모든 것을 다 감당해내셨습니다. 십자가에 못박히신 예수님은 숨을 거두시기 전, “다 이루었다”고 말씀하시며 모든 구속 사역을 완전히 이루셨습니다.

1 그 때에 빌라도는 예수를
데려다가 채찍으로 쳤다.
2 병정들은 가시나무로 왕
관을 엮어서 예수의 머리
에 씌우고, 자색 옷을 입
힌 뒤에,
3 예수 앞으로 나와서 “유
대인의 왕 만세!” 하고 소
리치고, 손바닥으로 얼굴
을 때렸다.
4 그 때에 빌라도가 다시
바깥으로 나와서, 유대
사람들에게 말하였다.
“보시오. 내가 그 사람을
당신들 앞에 데려 오겠
소. 나는 그에게서 아무
죄도 찾지 못했소. 나는
당신들이 그것을 알아주
기를 바라오.”
5 예수가 가시관을 쓰시
고, 자색 옷을 입으신 채
로 나오시니, 빌라도가
그들에게 “보시오, 이 사
람이오” 하고 말하였다.
6 대제사장들과 경비병들
이 예수를 보고 외쳤다.
“십자가에 못박으시오.
십자가에 못박으시오.”
그러자 빌라도는 그들에
게 “당신들이 이 사람을

단어

왕(18:37) 빌라도는 정치적 차원에서 ‘왕’이냐고 물었으나 예수님은 영적인 차원에서 ‘왕’이라고 대답하셨다.
관례(18:39) 전부터 계속 전해 온 사례나 관습.
바라바(18:40) 민란과 살인죄를 지은 유명한 죄수.
가시관(19:5) 가시나무의 가시와 잎으로 만든 둥근 관. 로마 황제의 왕관을 본따 예수님을 조롱하는 것이다.

데려다가 십자가에 못박
으시오. 나는 이 사람에
게서 아무 죄도 찾지 못
했소" 하고 말하였다.
7 유대 사람들이 그에게
대답하였다. "우리에게는
율법이 있는데 그 율법
을 따르면 그는 마땅히
죽어야 합니다. 그가 자
기를 가리켜서 하나님의
아들이라고 하였기 때문
입니다."
8 빌라도는 이 말을 듣고,
더욱 두려워서
9 다시 관저 안으로 들어가
서 예수께 물었다. "당신
은 어디서 왔소?" 예수께
서는 그에게 아무 대답도
하지 않으셨다.
10 그래서 빌라도가 예수께
말하였다. "나에게 말을
하지 않을 작정이오? 나
에게는 당신을 놓아줄
권한도 있고, 십자가에
처형할 권한도 있다는 것
을 모르시오?"
11 예수께서 대답하셨다.
"위에서 주지 않으셨더라
면, 당신에게는 나를 어
찌할 아무런 권한도 없
을 것이오. 그러므로 나
를 당신에게 넘겨준 사
람의 죄는 더 크다 할 것
이오."
12 이 말을 듣고서, 빌라도
는 예수를 놓아주려고
힘썼다. 그러나 유대 사
람들은 "이 사람을 놓아

주면, 총독님은 황제 폐
하의 충신이 아닙니다.
자기를 가리켜서 왕이라
고 하는 사람은, 누구나
황제 폐하를 반역하는
자입니다" 하고 외쳤다.
13 빌라도는 이 말을 듣고,
예수를 데리고 나와서,
리토스트론이라고 부르
는 재판석에 앉았다. (리
토스트론은 히브리 말로
가바다인데, '돌을 박은
자리'라는 뜻이다.)
14 그 날은 유월절 준비일이
고, 때는 낮 열두 시쯤이
었다. 빌라도가 유대 사
람들에게 말하였다. "보
시오, 당신들의 왕이오."
15 그들이 외쳤다. "없애 버
리시오! 없애 버리시오!
그를 십자가에 못박으시
오!" 빌라도가 그들에게
말하였다. "당신들의 왕
을 십자가에 못박으란 말
이오?" 대제사장들이 대
답하였다. "우리에게는
황제 폐하 밖에는 왕이
없습니다."
16 이리하여 이제 빌라도는
예수를 십자가에 처형
하라고 그들에게 넘겨주
었다.

십자가에 못박히시다

그들은 예수를 넘겨받

단어

반역하다(19:12) 통치자에게서 나라를 다스리는 권한을 빼앗으려고 하다.

십자가에 못박으시오(19:15) 십자가 형벌은 심각한 범죄를 저지른 사람이나 반역자와 같은 극악한 죄수에게 내리는 잔인한 형벌이었다. 예수님과 제자들을 완전히 제압하려는 당시 종교지도자들의 의도가 깔린 요구였다.

았다.
17 예수께서 십자가를 지시
고 '해골'이라 하는 데로
가셨다. 그 곳은 히브리
말로 골고다라고 하였다.
18 거기서 그들은 예수를
십자가에 못박았다. 그리
고 다른 두 사람도 예수
와 함께 십자가에 달아
서, 예수를 가운데로 하
고, 좌우에 세웠다.
19 빌라도는 또한 명패도 써
서, 십자가에 붙였다. 그
명패에는 '유대인의 왕
나사렛 사람 예수' 라고
썼다.
20 예수께서 십자가에 달리
신 곳은 도성에서 가까
우므로, 많은 유대 사람
이 이 명패를 읽었다. 그
것은, 히브리 말과 로마
말과 그리스 말로 적혀
있었다.
21 유대 사람들의 대제사장
들이 빌라도에게 말하기
를 " '유대인의 왕'이라고
쓰지 말고, '자칭 유대인
의 왕'이라고 쓰십시오"
하였으나,
22 빌라도는 "나는 쓸 것을
썼다" 하고 대답하였다.
23 병정들이 예수를 십자가
에 못박은 뒤에, 그의 옷
을 가져다가 네 몫으로
나누어서, 한 사람이 한
몫씩 차지하였다. 그리
고 속옷은 이음새 없이
위에서 아래까지 통째로

짠 것이므로
24 그들은 서로 말하기를
"이것은 찢지 말고, 누가
차지할지 제비를 뽑자"
하였다. 이는
'그들이 나의 겉옷을
서로 나누어 가지고,
나의 속옷을 놓고서
는 제비를 뽑았다'
하는 성경 말씀이 이루
어지게 하려는 것이었다.
그러므로 병정들이 이런
일을 하였다.
25 그런데 예수의 십자가 곁
에는 예수의 어머니와 이
모와 글로바의 아내 마리
아와 막달라 사람 마리
아가 서 있었다.
26 예수께서는 자기 어머니
와 그 곁에 서 있는 사랑
하는 제자를 보시고, 어
머니에게 "어머니, 이 사
람이 어머니의 아들입니
다" 하고 말씀하시고,
27 그 다음에 제자에게는
"자, 이분이 네 어머니시
다" 하고 말씀하셨다. 그
때부터 그 제자는 그를
자기 집으로 모셨다.

예수께서 숨을 거두시다

28 그 뒤에 예수께서는 모
든 일이 이루어졌음을 아
시고, 성경 말씀을 이루
시려고 "목마르다" 하고

단어

자칭(19:21) 자신을 무엇이라고 자처하여 일컬음.
이음새(19:23) 두 물체를 이은 모양새.
제비(19:24) 여럿 가운데 하나를 골라 거기에 미리 적어둔 내용에 따라 승부나 차례를 정하는 방법. (죄수의 옷은 보통 사형 집행자의 소유가 되었다.)
사랑하는 제자(19:26) 사도 요한 자신.

말씀하셨다.
29 거기에 신 포도주가 가
득 담긴 그릇이 있었는
데, 사람들이 해면을 그
신 포도주에 듬뿍 적셔
서, 우슬초 대에다가 꿰
어 예수의 입에 갖다 대
었다.
30 예수께서 신 포도주를
받으시고서, "다 이루었
다" 하고 말씀하신 뒤에,
머리를 떨어뜨리시고 숨
을 거두셨다.

창으로 옆구리를 찌르다

31 유대 사람들은 그 날이
유월절 준비일이므로, 안
식일에 시체들을 십자가
에 그냥 두지 않으려고,
그 시체의 다리를 꺾어서
치워달라고 빌라도에게
요청하였다. 그 안식일은
큰 날이었기 때문이다.
32 그래서 병사들이 가서,
먼저 예수와 함께 십자가
에 달린 한 사람의 다리
와 또 다른 한 사람의 다
리를 꺾고 나서,
33 예수께 와서는, 그가 이
미 죽으신 것을 보고서,
다리를 꺾지 않았다.
34 그러나 병사들 가운데
하나가 창으로 그 옆구리
를 찌르니, 곧 피와 물이
흘러나왔다.
35 (이것은 목격자가 증언한
것이다. 그래서 그의 증
언은 참되다. 그는 자기
의 말이 진실하다는 것

을 알고 있다. 그는 여러
분들도 믿게 하려고 증언
한 것이다.)
36 일이 이렇게 된 것은, '그
의 뼈가 하나도 부러지지
않을 것이다' 한 성경 말
씀이 이루어지게 하려는
것이었다.
37 또 성경에 '그들은 자기들
이 찌른 사람을 쳐다볼
것이다' 한 말씀도 있다.

무덤에 묻다

38 그 뒤에 아리마대 사람
요셉이 예수의 시신을 거
두게 하여 달라고 빌라도
에게 청하였다. 그는 예
수의 제자인데, 유대 사
람이 무서워서, 그것을
숨기고 있었다. 빌라도가
허락하니, 그는 가서 예
수의 시신을 내렸다.
39 또 전에 예수를 밤중에
찾아갔던 니고데모도 몰
약에 침향을 섞은 것을
백 근쯤 가지고 왔다.
40 그들은 예수의 시신을
모셔다가, 유대 사람의
장례 풍속대로 향료와
함께 삼베로 감았다.
41 예수가 십자가에 달리신
곳에, 동산이 있었는데,
그 동산에는 아직 사람
을 장사한 일이 없는 새
무덤이 하나 있었다.

단어

해면(19:29) 해면동물의 섬유 조직. 미세한 구멍이 많고 부드럽고 탄력이 좋아 수분을 잘 빨아들인다.
우슬초(19:29) 꿀풀과에 속하는 향기로운 식물.
준비일(19:31) 이튿날은 안식일인 토요일이었다.
몰약(19:39) 향수와 의료품으로 쓰였으며, 시체에 바르기도 했다. 동방박사가 아기 예수님께 이것을 드렸다.

42 그 날은 유대 사람이 안
식일을 준비하는 날이
고, 또 무덤이 가까이 있
었기 때문에, 그들은 예
수를 거기에 모셨다.

20장 예수님은 부활하신 후에 막달라 마리아를 비롯해 제자들과 여러 사람들 앞에 나타나셨습니다. "나는 부활이요 생명이니(11:25)"라고 말씀하셨던 예수님은 부활을 통해서 자신이 구세주이심을 증명해 보이셨고, 예수님을 믿는 모든 사람들에게도 부활의 소망을 안겨주셨습니다.

부활하시다

1 주간의 첫 날 이른 새벽
에 막달라 사람 마리아
가 무덤에 가서 보니, 무
덤 어귀를 막은 돌이 이
미 옮겨져 있었다.
2 그래서 그 여자는 시몬
베드로와 예수께서 사랑
하시던 그 다른 제자에
게 달려가서 말하였다.
"누가 주님을 무덤에서
가져갔습니다. 어디에 두
었는지 모르겠습니다."
3 베드로와 그 다른 제자가
나와서, 무덤으로 갔다.
4 둘이 함께 뛰었는데, 그
다른 제자가 베드로보다
빨리 달려서, 먼저 무덤
에 이르렀다.
5 그런데 그는 몸을 굽혀서
삼베가 놓여 있는 것을
보았으나, 안으로 들어가
지는 않았다.
6 시몬 베드로도 그를 뒤
따라 왔다. 그가 무덤 안
으로 들어가 보니, 삼베
가 놓여 있었고,
7 예수의 머리를 싸맸던 수
건은, 그 삼베와 함께 놓

여 있지 않고, 한 곳에
따로 개켜 있었다.
8 그제서야 먼저 무덤에 다
다른 그 다른 제자도 들
어가서, 보고 믿었다.
9 아직도 그들은 예수께서
죽은 사람들 가운데서
반드시 살아나야 한다는
성경 말씀을 깨닫지 못
하였다.
10 그래서 제자들은 자기들
이 있던 곳으로 다시 돌
아갔다.

막달라 마리아에게 나타나시다

11 그런데 마리아는 무덤 밖
에 서서 울고 있었다. 울
다가 몸을 굽혀서 무덤
속을 들여다보니,
12 흰 옷을 입은 천사 둘이
앉아 있었다. 한 천사는
예수의 시신이 놓여 있
던 자리 머리맡에 있었
고, 다른 한 천사는 발치
에 있었다.
13 천사들이 마리아에게 말
하였다. "여자여, 왜 우느
냐?" 마리아가 대답하였
다. "누가 우리 주님을 가
져갔습니다. 어디에 두었
는지 모르겠습니다."
14 이렇게 말하고, 뒤로 돌
아섰을 때에, 그 마리아
는 예수께서 서 계신 것
을 보았지만, 그가 예수이

단어

마리아(20:1) 예수님께서 일곱 귀신을 쫓아내 주셨던 막달라 출신의 이방 여인. 막달라는 갈릴리 호수 서쪽 항구인 디베랴의 북서쪽 내지에 있었다.

개키다(20:7) 옷이나 이불을 겹치거나 접어 포개다.

천사(20:12) 하나님을 섬기고 인간을 보호하는 영적 존재. 일반적으로 '하나님의 사자'를 천사라고 부른다.

신 줄은 알지 못하였다.
15 예수께서 마리아에게 말
씀하셨다. "여자여, 왜 울
고 있느냐? 누구를 찾느
냐?" 마리아는 그가 동
산지기인 줄 알고 "여보
세요, 당신이 그를 옮겨
놓았거든, 어디에다 두었
는지를 내게 말해 주세
요. 내가 그를 모셔 가겠
습니다" 하고 말하였다.
16 예수께서 "마리아야!" 하
고 부르셨다. 마리아가
돌아서서 히브리 말로
"라부니!" 하고 불렀다.
(그것은 '선생님!'이라는
뜻이다.)
17 예수께서 마리아에게 말
씀하셨다. "내게 손을 대
지 말아라. 내가 아직 아
버지께로 올라가지 않았
다. 이제 내 형제들에게
로 가서 이르기를, 내가
나의 아버지 곧 너희의
아버지, 나의 하나님 곧
너희의 하나님께로 올라
간다고 말하여라."
18 막달라 사람 마리아는
제자들에게 가서, 자기가
주님을 보았다는 것과 주
님께서 자기에게 이런 말
씀을 하셨다는 것을 전
하였다.

제자들에게 나타나시다

19 그 날, 곧 주간의 첫 날
저녁에, 제자들은 유대
사람들이 무서워서, 문
을 모두 닫아걸고 있었

다. 그 때에 예수께서 와
서, 그들 가운데로 들어
서셔서, "너희에게 평화
가 있기를!" 하고 인사말
을 하셨다.
20 이 말씀을 하시고 나서,
두 손과 옆구리를 그들
에게 보여 주셨다. 제자
들은 주님을 보고 기뻐
하였다.
21 [예수께서] 다시 그들에
게 말씀하셨다. "너희에
게 평화가 있기를 빈다.
아버지께서 나를 보내신
것 같이, 나도 너희를 보
낸다."
22 이렇게 말씀하신 다음
에, 그들에게 숨을 불어
넣으시고 말씀하셨다.
"성령을 받아라.
23 너희가 누구의 죄든지 용
서해 주면, 그 죄가 용서
될 것이요, 용서해 주지
않으면, 그대로 남아 있
을 것이다."

도마의 불신앙

24 열두 제자 가운데 하나
로서 쌍둥이라고 불리는
도마는, 예수께서 오셨을
때에 그들과 함께 있지
않았다.
25 다른 제자들이 그에게
"우리는 주님을 보았소"
하고 말하였으나, 도마는

단어

평화가 있기를(20:19) 히브리어 '샬롬'은 일상적인 인사이나 예수님이 이렇게 인사하신 것은 주님의 부활로 악이 패배하고 하나님의 백성에게 평화가 임했음을 알려 주시기 위함이다.

두 손과 옆구리(20:20) 예수님은 십자가에 못박힌 흔적을 보이시며, 제자들에게 자신의 부활을 증명하셨다.

그들에게 "나는 내 눈으
로 그의 손에 있는 못자
국을 보고, 내 손가락을
그 못자국에 넣어 보고,
또 내 손을 그의 옆구리
에 넣어 보지 않고서는
믿지 못하겠소!" 하고 말
하였다.
26 여드레 뒤에 제자들이
다시 집 안에 모여 있었
는데 도마도 함께 있었
다. 문이 잠겨 있었으나,
예수께서 와서 그들 가
운데로 들어서셔서 "너희
에게 평화가 있기를!" 하
고 인사말을 하셨다.
27 그리고 나서 도마에게 말
씀하셨다. "네 손가락을
이리 내밀어서 내 손을
만져 보고, 네 손을 내
옆구리에 넣어 보아라.
그래서 의심을 떨쳐버리
고 믿음을 가져라."
28 도마가 예수께 대답하기
를 "나의 주님, 나의 하
나님!" 하니,
29 예수께서 도마에게 말씀
하셨다. "너는 나를 보았
기 때문에 믿느냐? 나를
보지 않고도 믿는 사람
은 복이 있다."

이 책을 쓴 목적

30 예수께서는 제자들 앞에
서 이 책에 기록하지 않
은 다른 표징도 많이 행
하셨다.
31 그런데 여기에 이것이나
마 기록한 목적은, 여러

분으로 하여금 예수가
그리스도요 하나님의 아
들이심을 믿게 하고, 또
그렇게 믿어서 그의 이름
으로 생명을 얻게 하려
는 것이다.

21장 부활하신 예수님은 디베랴에서 고기를 잡고 있는 일곱 제자들에게 나타나셨습니다. 아침을 먹이신 후, 자신을 세 번 부인한 베드로에게 "네가 나를 사랑하느냐"고 세 번 질문하십니다. 죄를 짓고 낙심한 제자를 다시 일으키시고 회복시키시는 예수님의 사랑을 느낄 수 있습니다.

일곱 제자에게 나타나시다

1 그 뒤에 예수께서 디베랴
바다에서 다시 제자들에
게 자기를 나타내셨는데,
그가 나타나신 경위는 이
러하다.
2 시몬 베드로와 쌍둥이라
고 불리는 도마와 갈릴리
가나 사람 나다나엘과 세
베대의 아들들과 제자들
가운데서 다른 두 사람
이 한 자리에 있었다.
3 시몬 베드로가 그들에게
말하기를 "나는 고기를
잡으러 가겠소" 하니, 그
들이 "우리도 함께 가겠
소" 하고 말하였다. 그들
은 나가서 배를 탔다. 그
러나 그 날 밤에는 고기
를 한 마리도 잡지 못하
였다.
4 이미 동틀 무렵이 되었
다. 그 때에 예수께서 바
닷가에 들어서셨으나, 제

단어
표징(20:30) 예수님의 신성을 보여 주기 위한 상징으로서의 기적.
디베랴 바다(21:1) 갈릴리 호수. 헤롯 안디바가 로마 황제 디베료를 기리기 위해 지은 성읍의 이름을 따서 부르게 되었다.
경위(21:1) 일이 되어 온 과정이나 경로.

자들은 그가 예수이신
줄을 알지 못하였다.
5 그 때에 예수께서 제자
들에게 물으셨다. “얘들
아, 무얼 좀 잡았느냐?”
그들이 대답하였다. “못
잡았습니다.”
6 예수께서 그들에게 말씀
하셨다. “그물을 배 오
른쪽에 던져라. 그리하
면 잡을 것이다.” 제자들
이 그물을 던지니, 고기
가 너무 많이 걸려서, 그
물을 끌어올릴 수가 없
었다.
7 예수가 사랑하시는 제자
가 베드로에게 “저분은
주님이시다” 하고 말하였
다. 시몬 베드로는 주님
이시라는 말을 듣고서,
벗었던 몸에다가 겉옷을
두르고, 바다로 뛰어내렸
다.
8 그러나 나머지 제자들은
작은 배를 탄 채로, 고기
가 든 그물을 끌면서, 해
안으로 나왔다. 그들은
육지에서 백 자 남짓밖에
떨어지지 않은 곳에 들어
가서 고기를 잡고 있었던
것이다.
9 그들이 땅에 올라와서 보
니, 숯불을 피워 놓았는
데, 그 위에 생선이 놓여
있고, 빵도 있었다.
10 예수께서 제자들에게 말
씀하셨다. “너희가 지금
잡은 생선을 조금 가져오

너라."
11 시몬 베드로가 배에 올
라가서, 그물을 땅으로
끌어내렸다. 그물 안에
는, 큰 고기가 백쉰세 마
리나 들어 있었다. 고기
가 그렇게 많았으나, 그
물이 찢어지지 않았다.
12 예수께서 그들에게 말씀
하셨다. "와서 아침을 먹
어라." 제자들 가운데서
아무도 감히 "선생님은
누구십니까?" 하고 묻는
사람이 없었다. 그가 주
님이신 것을 알았기 때
문이다.
13 예수께서 가까이 오셔
서, 빵을 집어서 그들에
게 주시고, 이와 같이 생
선도 주셨다.
14 예수께서 죽은 사람들
가운데서 살아나신 뒤에
제자들에게 자기를 나타
내신 것은, 이번이 세 번
째였다.

내 양 떼를 먹이라

15 그들이 아침을 먹은 뒤
에, 예수께서 시몬 베드
로에게 물으셨다. "요한의
아들 시몬아, 네가 이 사
람들보다 나를 더 사랑
하느냐?" 베드로가 대답
하였다. "주님, 그렇습니
다. 내가 주님을 사랑하

단어
예수가 사랑하시는 제자(21:7) 사도 요한 자신을 말한다.
자(21:8) 길이의 단위. 한 자는 한 치의 열 배로 약 30.3cm에 해당한다. 백 자는 약 30.3m.
감히(21:12) 두려움이나 송구함을 무릅쓰고. 말이나 행동이 자신의 신분이나 능력 따위를 넘어서서 주제넘게.

는 줄을 주님께서 아십니
다." 예수께서 그에게 말
씀하셨다. "내 어린 양
떼를 먹여라."
16 예수께서 두 번째로 그에
게 물으셨다. "요한의 아
들 시몬아, 네가 나를 사
랑하느냐?" 베드로가 대
답하였다. "주님, 그렇습
니다. 내가 주님을 사랑
하는 줄을 주님께서 아
십니다." 예수께서 그에게
말씀하셨다. "내 양 떼를
쳐라."
17 예수께서 세 번째로 물으
셨다. "요한의 아들 시몬
아, 네가 나를 사랑하느
냐?" 그 때에 베드로는,
[예수께서] "네가 나를 사
랑하느냐?" 하고 세 번이
나 물으시므로, 불안해서
"주님, 주님께서는 모든
것을 아십니다. 그러므
로 내가 주님을 사랑하는
줄을 주님께서 아십니다"
하고 대답하였다. 예수께
서 그에게 말씀하셨다.
"내 양 떼를 먹여라.
18 내가 진정으로 진정으로
네게 말한다. 네가 젊어
서는 스스로 띠를 띠고
네가 가고 싶은 곳을 다
녔으나, 네가 늙어서는
남들이 네 팔을 벌릴 것
이고, 너를 묶어서 네가
바라지 않는 곳으로 너
를 끌고 갈 것이다."
19 예수께서 이렇게 말씀하

신 것은, 베드로가 어떤
죽음으로 하나님께 영광
을 돌릴 것인가를 암시하
신 것이다. 예수께서 이
말씀을 하시고 나서, 베
드로에게 "나를 따라라!"
하고 말씀하셨다.

예수께서 사랑하시는 제자

20 베드로가 돌아다보니, 예
수께서 사랑하시던 제자
가 따라오고 있었다. 이
제자는 마지막 만찬 때
에 예수의 가슴에 기대
어서, "주님, 주님을 넘겨
줄 자가 누구입니까?" 하
고 물었던 사람이다.
21 베드로가 이 제자를 보
고서, 예수께 물었다. "주
님, 이 사람은 어떻게 되
겠습니까?"
22 예수께서 말씀하셨다.
"내가 올 때까지 그가 살
아 있기를 내가 바란다고
한들, 그것이 너와 무슨
상관이 있느냐? 너는 나
를 따라라!"
23 이 말씀이 믿는 사람들
사이에 퍼져 나가서, 그
제자는 죽지 않을 것이라
고들 하였지만, 예수께서
는 그가 죽지 않을 것이
라고 말씀하신 것이 아니
라, "내가 올 때까지 그
가 살아 있기를 내가 바

단어

세 번이나(21:17) 과거 베드로가 닭이 울기 전에 예수님을 세 번 부인했던 것을 연상하게 한다.

어떤 죽음(21:19) 후대의 전승에 따르면, 베드로는 전도여행을 하며 열정적으로 평생 복음을 전하다 마지막에 로마로 건너가서 순교했다.

암시하다(21:19) 명확히 밝히지 않고 넌지시 알리다.

란다고 한들, [그것이 너
와 무슨 상관이 있느
냐?]" 하고 말씀하신 것
뿐이다.
24 이 모든 일을 증언하고
또 이 사실을 기록한 사
람이 바로 이 제자이다.
우리는 그의 증언이 참되
다는 것을 알고 있다.
25 예수께서 하신 일은 이
밖에도 많이 있어서, 그
것을 낱낱이 기록한다
면, 이 세상이라도 그 기
록한 책들을 다 담아 두
기에 부족할 것이라고 생
각한다.

하나님께서 세상을

이처럼 사랑하셔서

외아들을 주셨으니,

이는 그를 믿는 사람마다

멸망하지 않고

영생을 얻게 하려는 것이다.

_요한복음서 3장 16절

MEMO

MEMO

새번역 요한복음서 따라쓰기

초판 1쇄 2020년 11월 6일

엮은이 아가페출판사 편집부

펴낸이 곽성종
펴낸곳 (주)아가페출판사
등록 제21-754호(1995년 4월 12일)
책임편집 손정민
내지디자인 윤지은
표지디자인 권영은

주소 (06698) 서울시 서초구 효령로 8길 5(방배동)
전화 584-4835(본사), 522-5148(편집부)
팩스 586-3078(본사), 586-3088(편집부)
홈페이지 www.iagape.co.kr

ISBN 978-89-537-9634-8 (04230)
978-89-537-9632-4 (세트)

이 도서의 국립중앙도서관 출판예정도서목록(CIP)은 서지정보유통지원시스템 홈페이지(http://seoji.nl.go.kr)와
국가자료공동목록시스템(http://www.nl.go.kr/kolisnet)에서 이용하실 수 있습니다.(CIP제어번호: CIP2020044753)

아가페 출판사

어린이·청소년을 위한 가장 귀한 선물

〈실제 본문 사진〉

새번역 일러스트 성경(소/단본/컬러)

색상 : 민트/옐로우 | 가격 : 29,000원

새번역 일러스트 성경 특징

- 새번역 성경 본문 사용
- 말씀을 생생하게 전달하는 성경 일러스트와 사진
- 믿음의 기초 지식을 쌓아주는 다양하고 풍성한 해설
- 다채로운 컬러(컬러판)와 시원한 활자

* 자세한 내용은 아가페 홈페이지를 참고하세요.

새번역 일러스트 성경

〈실제 본문 사진〉

새번역 일러스트 성경(소/단본/보급)

색상 : 스카이블루/베이비핑크 | 가격 : 22,000원

이런 분께 추천해요!

- 우리 아이 **첫 성경**을 고민하는 성도
- 유치원, 초등학교 **입학 축하 선물**
- **주일학교** 예배용 성경